BUKU MASALAH BERCAMBAH MUKTAMAD

Cergaskan Pinggan Anda melalui 100 Resipi Taugeh yang Lazat

Jane Li

Bahan Hak Cipta ©2024

Hak cipta terpelihara

Tiada bahagian buku ini boleh digunakan atau dihantar dalam apa jua bentuk atau dengan apa cara sekalipun tanpa kebenaran bertulis yang sewajarnya daripada penerbit dan pemilik hak cipta, kecuali petikan ringkas yang digunakan dalam semakan. Buku ini tidak boleh dianggap sebagai pengganti nasihat perubatan, undang-undang atau profesional lain.

ISI KANDUNGAN

- ISI KANDUNGAN 3
- PENGENALAN 7
- **TUNAI SEMANGGI** 8
  - 1. Salad Sayuran dan Pucuk Vietnam Segar 9
  - 2. Salad dengan Tauhu, Cendawan dan Pucuk Semanggi 11
  - 3. Semanggi Bercambah dan Bungkus Hummus 13
  - 4. Salad Keju Pucuk Semanggi dan Kambing 15
- **TUNAI BUNGA MATAHARI** 17
  - 5. Salad Pucuk Bunga Matahari 18
  - 6. Salad Laut Spirulina dengan Taugeh 20
  - 7. Salad Hijau dengan Açaí Beri Persalinan 22
  - 8. Bungkus Pucuk Bunga Matahari dan Avocado 24
  - 9. Pucuk Bunga Matahari dan Mangkuk Quinoa 26
  - 10. Smoothie Pucuk Bunga Matahari 28
  - 11. Pucuk Bunga Matahari dan Roti Bakar Avokado Hancur ... 30
  - 12. Pucuk Bunga Matahari dan Pesto Pasta 32
  - 13. Pucuk Bunga Matahari dan Tumis Tauhu 34
  - 14. Pucuk Bunga Matahari dan Ayam Sumbat Keju 36
- **TUNAI ALFALFA** 38
  - 15. Salad Pucuk Edamame & Alfalfa 39
  - 16. Bungkus Alfalfa Bercambah dan Hummus 41
  - 17. Salad Udang dengan Avokado dan Pucuk Alfalfa 43
  - 18. Alfalfa Bercambah dan Sandwich Kelab Turki 45
  - 19. Alfalfa Bercambah dan Quinoa Mangkuk 47
  - 20. Mangkuk Sushi Alfalfa Bercambah dan Salmon 49
  - 21. Bungkus Alfalfa Bercambah dan Ayam Caesar 51
  - 22. Alfalfa Bercambah dan Salad Tuna Sumbat Lada 53
  - 23. Alfalfa Bercambah dan Mango Gulungan Musim Panas ... 55
- **TAUGEH** 57

24. Kacang Soya Sala d 58
25. Salad ayam dan buah-buahan dengan Tauge 60
26. Nasi Liar, Brokoli & Salad Tomato 62
27. Kacang salji, Kacang Pine & Salad Asparagus 64
28. Salad Mangga ala Thai dengan Udang Bakar 66
29. Taugeh Goreng dengan Tauhu 68
30. Taugeh dan Mee Ayam Tumis 70
31. Salad Tauge dengan Saus Bijan 72
32. Pucuk Kacang dan Gulung Udang 74
33. Tumis Taugeh dan Cendawan 76
34. Tauge dan Tauhu Gulung Musim Panas 78
35. Sup Taugeh Pedas 80
36. Taugeh dan Lobak Selada 82

KACANG SALJIBERCAMBAHS 84

37. Pucuk Kacang Salji dan Tumis Udang 85
38. Bercambah Kacang Salji dan Salad Cendawan 87
39. Pucuk Kacang Salji dan Mangkuk Mee Tauhu 89
40. Pucuk Kacang Salji dan Mangkuk Nasi Ayam 91
41. Tumis Kacang Salji dan Ayam Gajus 93
42. Tuna Ahi Berkulit Bijan dengan Salad Pucuk Kacang Salji 95
43. Bercambah Kacang Salji dan Salad Musim Panas Mangga 97
44. Salmon Miso-Berkaca dengan Salji Pea Bercambah Sauté 99
45. Salad Pea & Mi dengan Jalur Wonton 101

TUNAI BRUSSELS 103

46. Pucuk Brussels dengan Wain Putih 104
47. Salad Quinoa Brussel Bercambahs 107
48. Brussels, Lobak Merah & Hijau 109
49. Salad Pucuk Brussels 111
50. Mangkuk Kacang mentega Skuasy dan Kale 114
51. Mangkuk Kuasa Jeruk Manis dan Salmon 116
52. Mason jar bit, delima dan brussels bercambah 119
53. Sayur & Farro 122
54. Mangkuk buddha ayam Thai 124
55. Salad Bercambah Brussels Mentah 127
56. Salad Pic dengan Salmon Tumis 130

TAUGEH CAMPUR 132

    57. Salad Timun dan Pucuk 133

    58. Broccoli Goreng Kembang Kol 135

    59. Mangkuk Sayur Panggang Kunyit 137

    60. Pucuk Campur dan Tumis Sayur 140

    61. Salad Pucuk Campur dan Quinoa 142

    62. Campuran Taugeh dan Bungkus Hummus 144

    63. Campuran Pucuk dan Ayam Buddha Mangkuk............146

    64. Campuran Taugeh dan Tauhu Pad Thai 148

    65. Kari Pucuk Campur dan Chickpea....................................150

    66. Pucuk Campur dan Lada Loceng Sumbat Feta 152

    67. Mangkuk Sushi Campuran Tauge dan Avocado 154

MUNG BERCAMBAH 156

    68. Salad Taugeh Ibu 157

    69. Salad Gado Gado Gaya Cina 159

    70. Salad Taugeh 161

    71. Taugeh Goreng Kacang Hijau 163

    72. Taugeh dan Mee Ayam Sup...165

    73. Pucuk Kacang Hijau dan Gulung Musim Panas Udang 167

TUNAI DAIKON 169

    74. Salad Makanan Laut dengan Vinaigrette Wasabi Segar 170

    75. Daikon Bercambah dan Gulung Sushi Salmon Asap 173

    76. Pucuk Daikon dan Bungkus Selada Ayam 175

    77. Daikon Bercambah dan Quinoa Mangkuk 177

    78. Daikon Bercambah dan Salad Avocado 179

    79. Pucuk Daikon dan Tumis Udang 181

TUNAI MILLET 183

    80. Taugeh Millet dan Tumis Sayur 184

    81. Salad Tauge dan Avokado 186

    82. Millet Bercambah dan Chickpea Buddha Mangkuk 188

    83. Taugeh dan Kari Kelapa 190

    84. Pucuk sekoi salad 192

TUNAG LENTIL 194

- 85. Salad Pucuk Lentil dan Quinoa 195
- 86. Pucuk Lentil dan Kari Chickpea 197
- 87. Salad Kacang Pucuk 199
- 88. Pucuk Lentil dan Roti Bakar Avokado 201
- 89. Pucuk Lentil dan Telur Dadar Bayam 203

TUNAI AYAM 205

- 90. Salad Chickpea Bercambah 206
- 91. Tumbuhan Chickpea Hummus 208
- 92. Taugeh dan Tumis Ayam 210
- 93. Kacau tumis pucuk 212

TUNAI KUINOA 214

- 94. Pucuk Quinoa dan Tumis Sayuran 215
- 95. Quinoa Bercambah dan Salad Kacang Hitam 217
- 96. Bungkus Quinoa Bercambah dan Mango Salsa 219
- 97. Quinoa Bercambah dan Ayam Buddha Mangkuk 221

TAUGEH FENUGREEK 223

- 98. Taugeh Halba dan Salad Moong Dal 224
- 99. Taugeh Halba dan Bayam Paratha 226
- 100. Taugeh Halba dan Chutney Tomato 228

KESIMPULAN 230

PENGENALAN

Selamat datang ke "Buku Masalah Bercambah Muktamad," karya kulinari yang direka untuk menyegarkan pengalaman makan anda dengan dunia taugeh yang bertenaga dan berkhasiat. Dalam halaman berikut, kami menjemput anda untuk meneroka 100 resipi taugeh yang lazat dan pelbagai yang bukan sahaja akan menggoda selera anda tetapi juga mentakrifkan semula cara anda berfikir tentang pemakanan yang sihat.

Taugeh, yang sering dipandang remeh dalam potensi masakannya, adalah kuasa pemakanan yang penuh dengan kehidupan dan rasa. Daripada rangup taugeh hingga ke sulur alfalfa yang halus, setiap varieti membawakan intipati uniknya ke meja makan. Buku masakan ini meraikan kepelbagaian luar biasa pucuk, menunjukkan cara mereka boleh mengubah makanan biasa menjadi pengembaraan masakan yang luar biasa.

Semasa anda memulakan perjalanan ini melalui buku masakan kami, bersiaplah untuk menemui tekstur baharu, rasai rasa yang berani dan saksikan kesan luar biasa pucuk pada keseluruhan kesejahteraan anda. Sama ada anda seorang tukang masak yang berpengalaman atau orang baru dapur, resipi ini direka untuk memberi inspirasi, mendidik dan meningkatkan kemahiran memasak anda.

Biarkan " Buku Masalah Bercambah Muktamad " menjadi teman anda dalam mencipta makanan yang bukan sahaja menyihatkan badan anda tetapi juga menggembirakan deria anda. Bersedia untuk mencergaskan semula pinggan anda dan rangkul keseronokan memasak dengan pucuk yang sederhana namun luar biasa.

TUNAI SEMANGGI

1.Salad Sayuran dan Pucuk Vietnam Segar

BAHAN-BAHAN:
- 6 auns mi nasi nipis, masak
- 1 cawan lobak mancis
- 3 cawan timun dipotong menjadi jalur nipis
- 1 cawan kobis hijau yang dicincang
- 1 cawan kobis ungu yang dicincang
- ½ cawan bawang hijau, bahagian ⅛-1/4 inci
- ½ cawan lobak dipotong menjadi jalur nipis seperti timun
- ½ cawan kacang tanah masin sedikit
- 1-2 cawan pucuk campuran alfalfa/semanggi
- ⅓ cawan sos ikan
- ½ cawan cuka beras
- 3 sudu besar madu atau gula
- 1 sudu kecil bawang putih dikisar
- 1-2 sudu kecil sos cili

ARAHAN:
a) Satukan semua sayuran dan mee dalam mangkuk.
b) Satukan sos ikan, cuka beras, gula, bawang putih dan sos cili ke dalam mangkuk kecil dan pukul.
c) Tuangkan Persalinan ke atas salad dan gaul rata.

2. Salad dengan Tauhu, Cendawan dan Pucuk Semanggi

BAHAN-BAHAN:
- 1 endive
- 100 gram selada kambing
- 1 radicchio kecil
- 1 biji bawang merah
- 400 gram tauhu
- 100 gram cendawan butang
- 1 sudu besar minyak bunga matahari
- 2 sudu besar kicap
- ½ buah mangga (dikupas dan dipotong dadu)
- 3 sudu besar minyak bijan
- 3 sudu besar cuka beras
- garam
- lada yang baru dikisar
- 1 sudu kecil madu
- 1 genggam pucuk semanggi merah

ARAHAN:
a) Bilas endive, mache dan radicchio dan potong hujung. Keluarkan inti dari radicchio dan endive. Putar kering. Jika perlu, koyakkan daun lebih kecil atau potong dan susun di atas pinggan.
b) Potong bawang merah menjadi cincin dan taburkan ke atas sayur-sayuran salad.
c) Potong, bersihkan dan potong cendawan dan masukkan ke dalam salad.
d) Potong tauhu menjadi jalur nipis dan goreng dalam minyak bunga matahari sehingga perang, 2-3 minit. Deglaze dengan kicap, gaul rata, keluarkan dari kuali dan letak di atas salad.
e) Campurkan mangga yang telah dikupas dan dipotong dadu dengan minyak bijan, 3-4 sudu besar air dan cuka beras untuk pembalut. Perasakan dengan garam, lada sulah dan madu.
f) Siramkan Persalinan ke atas salad dan hidangkan dengan hiasan taugeh.

3. Semanggi Bercambah dan Bungkus Hummus

BAHAN-BAHAN:
- Tortilla bijirin penuh
- Pucuk semanggi
- Hummus
- Timun, dihiris nipis
- Tomato, potong dadu
- Bawang merah, hiris nipis
- Avokado, dihiris
- Garam dan lada sulah secukup rasa

ARAHAN:
a) Sapukan lapisan hummus yang banyak pada tortilla bijirin penuh.
b) Lapiskan pucuk semanggi, hirisan timun, tomato potong dadu, bawang merah, dan hirisan alpukat.
c) Perasakan dengan garam dan lada sulah secukup rasa.
d) Gulungkan tortilla ke dalam bungkus dan potong separuh untuk dihidangkan.

4.Salad Keju Pucuk Semanggi dan Kambing

BAHAN-BAHAN:
- Pucuk semanggi
- Sayur salad campur
- Tomato ceri, dibelah dua
- Walnut, dicincang
- Keju kambing, hancur
- Vinaigrette balsamic

ARAHAN:
a) Dalam mangkuk salad yang besar, gabungkan pucuk semanggi, sayur salad campuran, tomato ceri dan kenari cincang.
b) Taburkan keju kambing hancur di atasnya.
c) Siram dengan balsamic vinaigrette.
d) Tos perlahan-lahan dan hidangkan.

TUNAI BUNGA MATAHARI

5.Salad Pucuk Bunga Matahari

BAHAN-BAHAN:
S ALAD
- 3 biji lobak dihiris nipis
- 1 ½ cawan pucuk bunga matahari
- 1 cawan arugula
- 1 timun , dihiris
- 2 lobak merah, dicukur atau dicincang d

PERSALINAN
- 2 sudu besar jus lemon segar
- 1 sudu teh agave
- ½ sudu teh mustard Dijon
- ¼ sudu teh garam halal
- ¼ cawan minyak zaitun

ARAHAN:
a) Satukan semua bahan salad dalam mangkuk hidangan.
b) Pukul semua bahan sos sebati.
c) Gaulkan semuanya!

6.Salad Laut Spirulina dengan Taugeh

BAHAN-BAHAN:
- ¼ cawan reben dulse, direndam dalam air
- 4 auns kangkung bayi
- 1 timun Turki, dihiris
- 1 buah alpukat, dipotong dadu atau dihiris
- 1-2 bawang hijau
- 1 cawan mee Kelp
- 1–2 biji lobak tembikai, dihiris nipis
- Ahi salai, salmon salai, tauhu bakar atau salai, edamame

HIASAN:
- Pucuk Bunga Matahari
- Biji rami atau biji bunga matahari
- Ketumbar atau kelopak bunga yang boleh dimakan

PAKAIAN SPIRULINA:
- ¼ cawan air
- ⅓ cawan minyak zaitun
- ¼ cawan biji rami
- 3 sudu besar cuka epal
- 1 ulas bawang putih
- ¾ sudu teh garam
- ¼ sudu teh lada pecah
- ½ cawan ketumbar
- 1 sudu teh spirulina, lebih banyak secukup rasa

ARAHAN:

a) Rendam reben dulse dalam mangkuk kecil air, selama 15 minit atau sehingga lembut

b) Buat pembalut Spirulina– masukkan semua kecuali ketumbar dan spirulina ke dalam pengisar, dan kisar sehingga berkrim dan licin-seminit penuh. Masukkan ketumbar dan spirulina, dan nadi sehingga sebati dan licin.

c) bahan-bahan salad ke dalam mangkuk-hijau dahulu kemudian timun, alpukat, daun bawang, mi kelp, lobak, dulse toskan, dan protein pilihan anda.

d) Toskan dengan sedikit perban, cukup untuk menyalut.

e) Hiaskan dengan biji dan pucuk.

7.Salad Hijau dengan Açaí Beri Persalinan

BAHAN-BAHAN:
AÇAÍ BERI PERSALINAN
- Paket 100 gram Açaí tanpa gula, suhu bilik
- ¼ cawan minyak kelapa
- ¼ cawan cuka sari apel
- 2 sudu besar madu
- 1 Sudu besar biji chia
- 1 sudu teh garam laut

SALAD
- 2 cawan kangkung yang dihiris nipis
- 2 cawan kobis napa yang dihiris nipis
- 1 cawan sayur dandelion yang dihiris nipis
- 1 cawan kobis merah yang dihiris nipis
- ½ cawan selasih yang dihiris nipis
- ½ cawan bit yang dicincang
- ½ cawan lobak merah yang dicincang
- ½ cawan biji labu panggang
- Pucuk bunga matahari

ARAHAN:
a) Untuk membuat Açaí Beri Persalinan: Kisar semua bahan dalam pemproses makanan atau pengisar sehingga halus.
b) Letakkan kangkung ke dalam mangkuk besar. Gerimis beberapa Sudu Besar ke atas kangkung dan urut untuk menyalut.
c) Masukkan semua sayur-sayuran lain ke dalam mangkuk dan gerimis dengan sos tambahan yang anda suka.
d) Taburkan pada biji labu dan pucuk dan toskan hingga sebati.

8.Bungkus Pucuk Bunga Matahari dan Avocado

BAHAN-BAHAN:
- 1 tortilla bijirin besar
- 1 cawan pucuk bunga matahari
- 1 buah alpukat masak, dihiris
- 1/2 cawan hummus
- 1/4 cawan bawang merah, dihiris nipis
- Garam dan lada sulah secukup rasa

ARAHAN:
a) Sapukan hummus secara merata ke atas tortilla bijirin penuh.
b) Lapiskan pucuk bunga matahari, hirisan alpukat dan bawang merah pada satu sisi tortilla.
c) Perasakan dengan garam dan lada sulah.
d) Gulungkan tortilla dengan ketat untuk membentuk bungkus.
e) Potong separuh dan hidangkan.

9.Pucuk Bunga Matahari dan Mangkuk Quinoa

BAHAN-BAHAN:
- 1 cawan quinoa masak
- 1 cawan pucuk bunga matahari
- 1/2 cawan lobak merah yang dicincang
- 1/4 cawan hirisan badam
- 2 sudu besar kicap
- 1 sudu besar minyak bijan
- 1 sudu teh madu

ARAHAN:
a) Dalam mangkuk, satukan quinoa yang telah dimasak, pucuk bunga matahari, lobak merah yang dicincang dan hirisan badam.
b) Dalam mangkuk kecil, pukul bersama kicap, minyak bijan, dan madu.
c) Tuangkan pembalut ke atas campuran quinoa dan toskan hingga menyalut.
d) Hidangkan dalam mangkuk dan nikmati.

10. Smoothie Pucuk Bunga Matahari

BAHAN-BAHAN:
- 1 cawan pucuk bunga matahari
- 1 pisang
- 1/2 cawan ketul nanas
- 1/2 cawan yogurt Yunani
- 1/2 cawan susu badam
- Kiub ais (pilihan)

ARAHAN:
a) Dalam pengisar, gabungkan pucuk bunga matahari, pisang, ketulan nanas, yogurt Yunani dan susu badam.
b) Kisar hingga sebati.
c) Masukkan kiub ais jika suka dan gaul lagi.
d) Tuangkan ke dalam gelas dan nikmati smoothie hijau yang berkhasiat ini.

11. **Pucuk Bunga Matahari dan Roti Bakar Avokado Hancur**

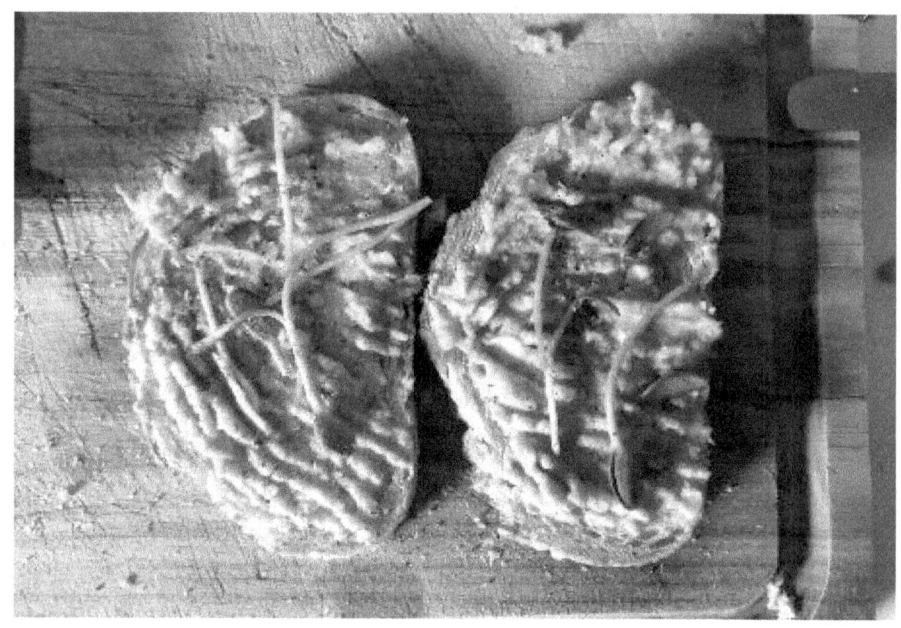

BAHAN-BAHAN:
- 2 keping roti bijirin penuh
- 1 cawan pucuk bunga matahari
- 1 buah alpukat masak, hancurkan
- 1 sudu besar jus lemon
- Serpihan lada merah (pilihan)
- Garam dan lada sulah secukup rasa

ARAHAN:
a) Bakar hirisan roti gandum mengikut citarasa anda.
b) Dalam mangkuk, campurkan alpukat yang telah dihancurkan dengan jus lemon, garam dan lada sulah.
c) Ratakan adunan alpukat ke atas kepingan roti yang telah dibakar.
d) Teratas dengan pucuk bunga matahari dan taburkan kepingan lada merah jika mahu.
e) Hidangkan segera untuk sarapan pagi atau snek yang lazat dan berkhasiat.

12. Pucuk Bunga Matahari dan Pesto Pasta

BAHAN-BAHAN:
- 2 cawan pasta masak (pilihan anda)
- 1 cawan pucuk bunga matahari
- 1/4 cawan kacang pain
- 1/2 cawan tomato ceri, dibelah dua
- 2 sudu besar sos pesto
- Keju Parmesan parut (pilihan)

ARAHAN:
a) Masak pasta mengikut arahan pakej dan toskan.
b) Dalam mangkuk besar, gabungkan pasta yang telah dimasak, pucuk bunga matahari, kacang pain dan tomato ceri.
c) Masukkan sos pesto dan gaul hingga bersalut.
d) Jika mahu, taburkan dengan keju Parmesan parut sebelum dihidangkan.

13. Pucuk Bunga Matahari dan Tumis Tauhu

BAHAN-BAHAN:
- 1 cawan pucuk bunga matahari
- 1 cawan tauhu lebih pejal, dipotong dadu
- 1 lada benggala, dihiris nipis
- 1 lobak merah, julienned
- 2 sudu besar kicap
- 1 sudu besar minyak bijan
- 1 sudu besar cuka beras
- 1 sudu teh halia, dikisar
- 2 ulas bawang putih, dikisar
- Nasi masak untuk dihidangkan

ARAHAN:

a) Dalam kuali atau kuali, panaskan minyak bijan di atas api yang sederhana tinggi.

b) Masukkan kiub tauhu dan tumis hingga kekuningan.

c) Masukkan lada benggala, lobak merah, halia, dan bawang putih. Tumis selama beberapa minit sehingga sayur-sayuran empuk.

d) Masukkan pucuk bunga matahari dan kicap. Kacau hingga sebati dan dipanaskan.

e) Siram dengan cuka beras dan kacau.

f) Hidangkan di atas nasi yang telah dimasak.

14. Pucuk Bunga Matahari dan Ayam Sumbat Keju

BAHAN-BAHAN:
- 2 dada ayam tanpa tulang dan tanpa kulit
- 1 cawan pucuk bunga matahari
- 1/4 cawan keju kambing
- 1 sudu besar minyak zaitun
- Garam dan lada sulah secukup rasa
- Lemon wedges untuk dihidangkan

ARAHAN:
a) Panaskan ketuhar hingga 375°F (190°C).
b) Sapukan dada ayam dan perasakan dengan garam dan lada sulah.
c) Sapukan keju kambing pada satu sisi setiap dada ayam dan atasnya dengan pucuk bunga matahari.
d) Lipat dada ayam untuk memasukkan inti dan selamatkan dengan pencungkil gigi.
e) Panaskan minyak zaitun dalam kuali yang selamat untuk ketuhar di atas api sederhana tinggi.
f) Goreng dada ayam di kedua-dua belah sehingga keperangan.
g) Pindahkan kuali ke dalam ketuhar dan bakar selama kira-kira 20 minit atau sehingga ayam masak.
h) Tanggalkan pencungkil gigi sebelum dihidangkan.
i) Hidangkan bersama hirisan lemon.

TUNAI ALFALFA

15. Salad Pucuk Edamame & Alfalfa

BAHAN-BAHAN:
- 4 biji lobak dihiris nipis
- 2 biji lobak merah dihiris nipis
- 1 cawan kacang edamame dikupas
- 3 cawan pucuk Alfalfa, basuh dan keringkan
- 1 sudu besar daun ketumbar segar
- 1 sudu besar daun pasli

PERSALINAN
- 1 ulas kecil bawang putih, ditekan
- 1 Sudu besar cuka epal
- 2 sudu besar minyak zaitun
- Secubit Garam
- Secubit lada tanah
- 2 sudu kecil biji jintan manis, dibakar

ARAHAN:
a) Dalam mangkuk adunan yang besar, satukan sayur-sayuran, edamame, taugeh dan herba.
b) Kisar halus biji jintan dalam lesung dan alu atau pengisar rempah selepas dibakar dalam kuali hangat selama 1-2 minit, atau sehingga wangi.
c) Dalam mangkuk kecil, satukan bawang putih, cuka, dan minyak.
d) Perasakan dengan garam dan lada sulah secukup rasa.
e) Hidangkan salad dengan sos yang disiram di atasnya.

16. Bungkus Alfalfa Bercambah dan Hummus

BAHAN-BAHAN:
- 1 tortilla bijirin besar
- 1 cawan pucuk alfalfa
- 1/2 cawan hummus
- 1/2 biji timun, hiris nipis
- 1/4 cawan lobak merah yang dicincang
- Garam dan lada sulah secukup rasa

ARAHAN:
a) Sapukan hummus secara merata ke atas tortilla bijirin penuh.
b) Lapiskan pucuk alfalfa, hirisan timun, dan lobak merah yang dicincang pada satu sisi tortilla.
c) Perasakan dengan garam dan lada sulah.
d) Gulungkan tortilla dengan ketat untuk membentuk bungkus.
e) Potong separuh dan hidangkan.

17. Salad Udang dengan Avokado dan Pucuk Alfalfa

BAHAN-BAHAN:
- 10 ekor udang besar
- ¼ sudu kecil serbuk kunyit
- 1 sudu kecil serbuk lada merah
- ½ sudu kecil serbuk ketumbar
- Garam secukup rasa
- 2-3 sudu besar minyak masak
- 1 buah avokado masak
- ½ cawan pucuk alfalfa
- ¼ cawan daun kucai dan pucuk bawang putih
- 10-15 biji tomato ceri
- 2 cawan salad
- 2 sudu kecil minyak zaitun
- Garam secukup rasa

ARAHAN:
a) Bersihkan, buang cangkerang dan buang udang. Gosok mereka dengan serbuk lada merah, serbuk ketumbar, serbuk kunyit, dan garam. Biarkan mereka diperap selama kira-kira setengah jam.
b) Panaskan kuali, masukkan 2 sudu besar minyak masak, dan kacau/goreng udang selama 5-7 minit atau sehingga keperangan. Pindahkan ke dalam mangkuk dan ketepikan.

HIMPUNKAN SALAD:
c) Potong dan hancurkan alpukat menjadi kepingan bersaiz gigitan.
d) Dalam mangkuk adunan yang besar, satukan daun salad, pucuk alfalfa, alpukat dan tomato ceri.
e) Taburkan garam dan masukkan minyak zaitun. Kacau bahan-bahan dengan baik, dan anda juga boleh menambah serbuk lada hitam secukup rasa.
f) Hidangkan salad dengan udang tumis.
g) Secara pilihan, perahkan jus lemon segar ke atas udang untuk rasa pedas.
h) Terokai variasi lain dengan menambah timun cincang atau masukkan kacang untuk menambah baik salad.

18. Alfalfa Bercambah dan Sandwich Kelab Turki

BAHAN-BAHAN:
- 2 keping roti bijirin penuh
- 1 cawan pucuk alfalfa
- 4 keping dada ayam belanda
- 2 keping bacon, masak
- 1/2 buah avocado, dihiris
- Hirisan salad dan tomato
- Mayonis (pilihan)

ARAHAN:
a) Bakar hirisan roti gandum jika mahu.
b) Pada satu keping, lapisan pucuk alfalfa, ayam belanda, bacon, alpukat, salad dan tomato.
c) Jika mahu, sapukan mayonis pada kepingan roti yang lain.
d) Letakkan kepingan kedua roti di atas untuk membentuk sandwic.
e) Potong separuh dan hidangkan.

19.Alfalfa Bercambah dan Quinoa Mangkuk

BAHAN-BAHAN:
- 1 cawan quinoa masak
- 1 cawan pucuk alfalfa
- 1/2 cawan tomato ceri, dibelah dua
- 1/4 cawan timun, potong dadu
- 1/4 cawan keju feta, hancur
- Pembalut lemon-tahini:
- 2 sudu besar tahini
- 1 sudu besar jus lemon
- 1 sudu besar minyak zaitun
- Garam dan lada sulah secukup rasa

ARAHAN:

a) Dalam mangkuk, satukan quinoa yang telah dimasak, pucuk alfalfa, tomato ceri, timun dan keju feta.

b) Dalam mangkuk kecil, pukul tahini, jus lemon, minyak zaitun, garam, dan lada.

c) Tuangkan pembalut ke atas campuran quinoa dan toskan hingga menyalut.

d) Hidangkan dalam mangkuk dan nikmati.

20.Mangkuk Sushi Alfalfa Bercambah dan Salmon

BAHAN-BAHAN:
- 1 cawan nasi sushi masak
- 1 cawan pucuk alfalfa
- 4 auns salmon salai, dihiris
- 1/2 buah avocado, dihiris
- 1/4 cawan jeruk halia
- 2 sudu besar kicap
- Biji bijan untuk hiasan

ARAHAN:
a) Letakkan nasi sushi dalam mangkuk.
b) Susun pucuk alfalfa, salmon salai dan hirisan alpukat di atasnya.
c) Siram dengan kicap dan hiaskan dengan jeruk halia dan bijan.
d) Gaul perlahan-lahan sebelum menikmati mangkuk sushi anda yang telah dibongkar.

21. Bungkus Alfalfa Bercambah dan Ayam Caesar

BAHAN-BAHAN:
- 1 tortilla bijirin besar
- 1 cawan pucuk alfalfa
- 1 dada ayam panggang, dihiris
- 2 sudu makan Caesar Persalinan
- 1/4 cawan parut keju Parmesan
- Daun salad romaine

ARAHAN:
a) Letakkan tortilla rata dan lapiskan dengan pucuk alfalfa, ayam panggang, Persalinan Caesar, keju Parmesan dan daun salad.
b) Gulungkan tortilla dengan ketat ke dalam bungkus.
c) Potong separuh dan selamatkan dengan pencungkil gigi jika perlu.
d) Hidangkan untuk makan tengah hari yang lazat dan mengenyangkan.

22. Alfalfa Bercambah dan Salad Tuna Sumbat Lada

BAHAN-BAHAN:
- 4 lada benggala, dibelah dua dan dibuang biji
- 1 cawan pucuk alfalfa
- 1 tin tuna, toskan
- 1/2 cawan tomato ceri, dipotong dadu
- 1/4 cawan bawang merah, dicincang halus
- 2 sudu besar yogurt Yunani
- 1 sudu besar mustard Dijon
- Garam dan lada sulah secukup rasa

ARAHAN:
a) Dalam mangkuk, campurkan tuna, tomato ceri, bawang merah, yogurt Yunani, dan mustard Dijon.
b) Perasakan dengan garam dan lada sulah secukup rasa.
c) Sumbat setiap separuh lada benggala dengan campuran salad tuna.
d) Hidangkan dengan pucuk alfalfa sebelum dihidangkan.

23. Alfalfa Bercambah dan Mango Gulungan Musim Panas

BAHAN-BAHAN:
- Pembalut kertas beras
- 1 cawan pucuk alfalfa
- 1 biji mangga, dihiris nipis
- 1 timun, julienned
- Mee bihun masak
- Daun pudina segar
- Sos pencicah hoisin-kacang:
- 3 sudu besar sos hoisin
- 2 sudu besar mentega kacang
- 1 sudu besar kicap
- 1 sudu besar jus limau nipis

ARAHAN:
a) Sediakan pembalut kertas beras mengikut arahan pakej.
b) Letakkan setiap pembungkus rata dan isi dengan pucuk alfalfa, hirisan mangga, timun, bihun dan daun pudina.
c) Gulungkan pembalut dengan ketat, lipat bahagian tepi semasa anda pergi.
d) Untuk sos pencicah, pukul bersama sos hoisin, mentega kacang, kicap dan jus limau.
e) Hidangkan gulung musim panas dengan sos pencicah.

TAUGEH

24. Kacang Soya Salad

BAHAN-BAHAN:
MASAK TUNAI
- 14 auns taugeh, dibilas dan toskan
- 1 cawan air
- 1 sudu teh garam laut

PERASA
- ⅛ sudu teh garam laut
- 1.5 sudu teh minyak bijan
- 1 Sudu besar bawang hijau, dicincang
- 1 secubit lada hitam
- 1 sudu kecil bijan
- 1 sudu teh bawang putih, cincang

ARAHAN:
a) Satukan 1 cawan air, garam laut, dan taugeh dalam periuk.

b) Tutup dengan tudung dan masak pada sederhana tinggi selama 7 minit.

c) Toskan dan ketepikan taugeh yang telah masak untuk sejuk.

d) Dalam mangkuk adunan, satukan taugeh, bawang hijau, bawang putih, garam, minyak bijan, biji bijan dan lada hitam.

e) Tos perlahan salad dan perasa dengan tangan anda untuk memastikan ia disalut dengan seragam.

25. Salad ayam dan buah-buahan dengan Tauge

BAHAN-BAHAN:
- 1¼ paun dada ayam tanpa tulang, dikupas dan dipotong menjadi jalur ½ inci
- 2 sudu besar Mentega
- 1 sudu teh Garam
- ½ sudu teh Lada
- 2¼ cawan Strawberi dibelah dua
- ¾ cawan taugeh
- 2 sudu teh halia hablur dicincang
- 1 sudu teh halia dikisar
- 1 sudu besar cuka Basil
- 1 sudu besar kicap
- ⅛ sudu teh Garam
- ⅛ sudu teh lada cayenne
- 2 sudu besar minyak zaitun

ARAHAN:
a) Tumis jalur ayam dalam mentega selama 8 minit, kacau selalu.

b) Perasakan dengan garam dan lada, keluarkan dari kuali, dan toskan pada tuala kertas. Biarkan sejuk.

c) Satukan strawberi, taugeh, ayam sejuk dan halia cincang dalam mangkuk salad.

d) Dalam mangkuk yang berasingan, satukan halia, cuka, kicap, garam dan lada cayenne.

e) Tambah minyak, dan toskan salad perlahan-lahan dengan sos.

f) Tutup salad dan biarkan selama 10 minit pada suhu bilik sebelum dihidangkan.

26.Nasi Liar, Brokoli & Salad Tomato

BAHAN-BAHAN:
- Minyak zaitun/avokado/minyak rami
- 2 lada, dihiris
- Segenggam taugeh
- 4 kuntum brokoli
- 1 biji limau nipis
- 2 hidangan nasi liar
- Segenggam kobis
- 6 biji tomato mini, dibelah dua

ARAHAN:
a) Masak nasi liar mengikut arahan pakej, dan rebus brokoli dan kubis.
b) Hidangkan tomato dan lada di atas nasi bersama brokoli dan taugeh.
c) Hidangkan dengan sedikit minyak zaitun atau jus lemon/limau.
d) Untuk dengan daun bayam yang dicincang.

27. Kacang salji , Kacang Pine & Salad Asparagus

BAHAN-BAHAN:
- 2 cawan kacang salji
- 1 tandan asparagus segar
- 1/2 peket taugeh segar
- 1 cawan bayam
- Taburan kacang pain
- Minyak zaitun yang ditekan sejuk

ARAHAN:
a) Kukus asparagus dan kacang salji selama 3-6 minit dengan api perlahan.
b) Campurkan asparagus dan kacang salji dengan secubit garam dan lada sulah.
c) Tuangkan jus lemon segar ke atas salad.

28. Salad Mangga ala Thai dengan Udang Bakar

BAHAN-BAHAN:
- 20 ekor udang harimau besar tanpa kepala
- 4 cucuk sate
- 1 keping halia segar sebesar ibu jari, parut
- 20g pek ketumbar segar, dicincang
- 1 biji cili merah, buang biji dan potong
- 4 sudu besar jus limau nipis segar
- 3 sudu besar minyak zaitun
- 1 sudu besar minyak bijan
- 1 sudu besar kicap Secubit gula perang
- 1/2 ulas bawang putih, dikupas dan ditumbuk
- 1 biji mangga masak dan sedia untuk dimakan
- 2 genggam taugeh sedia untuk dimakan
- 3 timun kecil, dicincang
- 1 genggam ketumbar segar
- 1 lada merah, buang bijinya dan potong jalur nipis
- 1 tandan bawang besar, dicincang
- Garam laut
- Segenggam kecil biji bijan
- Minyak zaitun extra virgin Bianconi, untuk meresap

ARAHAN:
a) Luncurkan 5 ekor udang yang telah dikupas pada setiap lidi.
b) Untuk bahan perapan, campurkan bahan-bahan tadi dan lumurkan separuh ke atas udang. Untuk salad, kupas mangga dan potong daging menjadi jalur nipis.
c) Campurkan dengan separuh lagi bahan perapan, taugeh, timun, ketumbar, lada, daun bawang dan garam laut.
d) Panaskan kuali besar dan goreng bijan hingga kekuningan. Angkat dan ketepikan. Goreng udang dengan api besar selama 2 minit sehingga masak.
e) Hidangkan dengan salad, ditaburkan dengan biji bijan, dan disiram dengan minyak zaitun.

29.Taugeh Goreng dengan Tauhu

BAHAN-BAHAN:
- 2 cawan taugeh
- 1 cawan tauhu lebih pejal, dipotong dadu
- 1 lada benggala, dihiris nipis
- 1 lobak merah, julienned
- 2 sudu besar kicap
- 1 sudu besar minyak bijan
- 1 sudu teh halia, dikisar
- 2 ulas bawang putih, dikisar
- Bawang hijau untuk hiasan

ARAHAN:
a) Dalam kuali atau kuali, panaskan minyak bijan di atas api yang sederhana tinggi.
b) Masukkan kiub tauhu dan tumis hingga kekuningan.
c) Masukkan lada benggala, lobak merah, halia, dan bawang putih. Tumis selama beberapa minit sehingga sayur-sayuran empuk.
d) Masukkan taugeh dan kicap. Kacau hingga sebati dan dipanaskan.
e) Hiaskan dengan bawang hijau cincang dan hidangkan.

30. Taugeh dan Mee Ayam Tumis

BAHAN-BAHAN:
- 1 cawan taugeh
- 1 cawan dada ayam masak, dicincang
- 2 cawan mee telur masak
- 1 lada benggala, dihiris
- 1 cawan kacang salji, hujungnya dipotong
- 2 sudu besar sos tiram
- 1 sudu besar kicap
- 1 sudu besar minyak sayuran

ARAHAN:
a) Dalam kuali atau kuali besar, panaskan minyak sayuran di atas api yang sederhana tinggi.
b) Masukkan lada benggala dan kacang salji, tumis sehingga agak empuk.
c) Masukkan ayam cincang, mee telur masak, dan taugeh.
d) Tuangkan sos tiram dan kicap. Tos hingga sebati dan panaskan.
e) Hidangkan panas.

31. Salad Tauge dengan Saus Bijan

BAHAN-BAHAN:
- 2 cawan taugeh
- 1 biji timun, dihiris nipis
- 1/2 biji bawang merah, hiris nipis
- 2 sudu besar minyak bijan
- 1 sudu besar kicap
- 1 sudu besar cuka beras
- 1 sudu teh madu
- Biji bijan untuk hiasan

ARAHAN:
a) Dalam mangkuk besar, satukan taugeh, timun dan bawang merah.
b) Dalam mangkuk kecil, pukul bersama minyak bijan, kicap, cuka beras, dan madu.
c) Tuangkan Persalinan ke atas salad dan toskan hingga berbalut.
d) Hiaskan dengan bijan sebelum dihidangkan.

32. Pucuk Kacang dan Gulung Udang

BAHAN-BAHAN:
- Pembalut kertas beras
- 1 cawan taugeh
- 1 cawan udang masak, dikupas dan dikeringkan
- 1 lobak merah, julienned
- Daun pudina segar
- Mee bihun, masak
- Sos pencicah hoisin-kacang:
- 3 sudu besar sos hoisin
- 2 sudu besar mentega kacang
- 1 sudu besar kicap
- 1 sudu besar jus limau nipis

ARAHAN:
a) Sediakan pembalut kertas beras mengikut arahan pakej.
b) Letakkan setiap pembungkus rata dan isi dengan taugeh, udang, lobak merah, daun pudina dan mee bihun.
c) Gulungkan pembalut dengan ketat, lipat bahagian tepi semasa anda pergi.
d) Untuk sos pencicah, pukul bersama sos hoisin, mentega kacang, kicap dan jus limau.
e) Hidangkan lumpia bersama sos pencicah.

33. Tumis Taugeh dan Cendawan

BAHAN-BAHAN:
- 2 cawan taugeh
- 1 cawan cendawan shiitake, dihiris
- 1 cawan kacang snap, hujung dipotong
- 1 sudu besar minyak sayuran
- 2 sudu besar kicap
- 1 sudu besar sos tiram
- 1 sudu teh minyak bijan
- 2 ulas bawang putih, dikisar
- 1 sudu teh halia, parut

ARAHAN:
a) Dalam kuali atau kuali, panaskan minyak sayuran di atas api yang sederhana tinggi.
b) Masukkan bawang putih dan halia, tumis hingga naik bau.
c) Masukkan cendawan shiitake dan kacang pis, masak sehingga empuk.
d) Masukkan taugeh, kicap, sos tiram, dan minyak bijan. Tos hingga sebati dan panaskan.
e) Hidangkan panas.

34. Tauge dan Tauhu Gulung Musim Panas

BAHAN-BAHAN:
- Pembalut kertas beras
- 1 cawan taugeh
- 1 cawan tauhu lebih pejal, julienned
- 1 lobak merah, julienned
- 1/2 lada benggala merah, dihiris nipis
- Daun ketumbar segar
- Sos pencicah kacang:
- 1/4 cawan mentega kacang
- 2 sudu besar kicap
- 1 sudu besar cuka beras
- 1 sudu besar madu
- Serpihan cili (pilihan)

ARAHAN:
a) Sediakan pembalut kertas beras mengikut arahan pakej.
b) Letakkan setiap pembungkus rata dan isi dengan tauge, tauhu, lobak merah, lada benggala dan daun ketumbar.
c) Gulungkan pembalut dengan ketat, lipat bahagian tepi semasa anda pergi.
d) Untuk sos pencicah, pukul bersama mentega kacang, kicap, cuka beras, madu, dan kepingan cili jika dikehendaki.
e) Hidangkan gulung musim panas dengan sos pencicah kacang.

35. Sup Taugeh Pedas

BAHAN-BAHAN:
- 2 cawan taugeh
- 4 cawan sup sayur atau ayam
- 1 cawan cendawan shitake yang dihiris
- 1 cawan bayi bayam
- 1 sudu besar kicap
- 1 sudu besar gochugaru (serpihan lada merah Korea)
- 1 sudu teh minyak bijan
- Bawang hijau untuk hiasan

ARAHAN:
a) Dalam periuk, masak sup sehingga mendidih.
b) Masukkan taugeh, cendawan shiitake, dan kicap. Masak selama beberapa minit sehingga sayur-sayuran lembut.
c) Masukkan gochugaru dan minyak bijan.
d) Masukkan anak bayam dan masak sehingga layu.
e) Hiaskan dengan bawang hijau cincang sebelum dihidangkan.

36. Taugeh dan Lobak Selada

BAHAN-BAHAN:
- 2 cawan taugeh
- 1 cawan lobak daikon julienned
- 1/2 cawan kobis merah yang dicincang
- 2 sudu besar cuka beras
- 1 sudu besar minyak bijan
- 1 sudu teh gula
- Garam dan lada sulah secukup rasa
- Bijan bakar untuk hiasan

ARAHAN:
a) Dalam mangkuk besar, satukan taugeh, lobak daikon dan kubis merah.
b) Dalam mangkuk kecil, pukul bersama cuka beras, minyak bijan, gula, garam dan lada sulah.
c) Tuangkan Persalinan ke atas selada dan toskan hingga berbalut.
d) Hiaskan dengan bijan panggang sebelum dihidangkan.

KACANG SALJIBERCAMBAHS

37. Pucuk Kacang Salji dan Tumis Udang

BAHAN-BAHAN:
- 2 cawan pucuk kacang salji
- 1 cawan udang, dikupas dan dibuang
- 1 lada benggala, dihiris nipis
- 1 cawan kuntum brokoli
- 2 sudu besar kicap
- 1 sudu besar sos tiram
- 1 sudu besar minyak bijan
- 2 ulas bawang putih, dikisar
- 1 sudu teh halia, parut

ARAHAN:
a) Dalam kuali atau kuali, panaskan minyak bijan di atas api yang sederhana tinggi.
b) Masukkan bawang putih dan halia, tumis hingga naik bau.
c) Masukkan udang dan masak sehingga merah jambu dan legap.
d) Masukkan lada benggala dan brokoli, tumis hingga sayur empuk.
e) Masukkan taugeh salji, kicap, dan sos tiram. Tos hingga sebati dan panaskan.
f) Hidangkan panas.

38. Bercambah Kacang Salji dan Salad Cendawan

BAHAN-BAHAN:
- 2 cawan pucuk kacang salji
- 1 cawan cendawan campuran (shiitake, tiram, atau pilihan anda), dihiris
- 1/4 cawan bawang merah, dihiris nipis
- 2 sudu besar minyak zaitun
- 1 sudu besar cuka balsamic
- Garam dan lada sulah secukup rasa
- Kacang pain panggang untuk hiasan

ARAHAN:
a) Dalam mangkuk besar, gabungkan pucuk kacang salji, cendawan dan bawang merah.
b) Dalam mangkuk kecil, pukul bersama minyak zaitun, cuka balsamic, garam dan lada sulah.
c) Tuangkan Persalinan ke atas salad dan toskan perlahan-lahan hingga menyalut.
d) Hiaskan dengan kacang pain panggang sebelum dihidangkan.

39.Pucuk Kacang Salji dan Mangkuk Mee Tauhu

BAHAN-BAHAN:
- 2 cawan pucuk kacang salji
- 1 cawan tauhu pejal, dipotong dadu
- 2 ikat mee soba, masak
- 1 lobak merah, julienned
- 2 sudu besar kicap
- 1 sudu besar cuka beras
- 1 sudu besar minyak bijan
- 1 sudu teh madu
- Biji bijan untuk hiasan

ARAHAN:
a) Dalam kuali, tumis kiub tauhu sehingga perang keemasan.
b) Dalam mangkuk besar, satukan mi soba yang telah dimasak, pucuk kacang salji, lobak merah muda dan tauhu tumis.
c) Dalam mangkuk kecil, pukul bersama kicap, cuka beras, minyak bijan, dan madu.
d) Tuangkan Persalinan ke atas adunan mee dan gaul hingga sebati.
e) Hiaskan dengan bijan sebelum dihidangkan.

40.Pucuk Kacang Salji dan Mangkuk Nasi Ayam

BAHAN-BAHAN:
- 2 cawan pucuk kacang salji
- 1 cawan dada ayam masak, dicincang
- 1 cawan beras perang masak
- 1/2 cawan lada benggala merah, dipotong dadu
- 2 sudu besar sos hoisin
- 1 sudu besar kicap
- 1 sudu besar minyak sayuran
- Bawang hijau untuk hiasan

ARAHAN:
a) Dalam kuali, panaskan minyak sayuran di atas api sederhana tinggi.
b) Masukkan ayam cincang dan lada benggala merah potong dadu, tumis hingga panas.
c) Masukkan beras perang yang telah dimasak dan pucuk kacang salji, kacau hingga sebati.
d) Tuangkan sos hoisin dan kicap, toskan hingga berbalut.
e) Hiaskan dengan bawang hijau cincang sebelum dihidangkan.

41. Tumis Kacang Salji dan Ayam Gajus

BAHAN-BAHAN:
- 2 cawan pucuk kacang salji
- 1 cawan dada ayam masak, dihiris
- 1 cawan kacang salji, dipotong
- 1/2 cawan gajus
- 2 sudu besar kicap
- 1 sudu besar sos hoisin
- 1 sudu besar halia, dikisar
- 2 ulas bawang putih, dikisar
- 1 sudu besar minyak sayuran

ARAHAN:
a) Panaskan minyak sayuran dalam kuali atau kuali di atas api yang sederhana tinggi.
b) Masukkan halia dan bawang putih, tumis hingga naik bau.
c) Masukkan hirisan ayam, kacang salji, dan gajus. Masak sehingga ayam dipanaskan.
d) Masukkan kicap dan sos hoisin, kacau hingga berbalut.
e) Masukkan taugeh salji dan masak sebentar sehingga layu.
f) Hidangkan di atas nasi atau mee.

42. Tuna Ahi Berkulit Bijan dengan Salad Pucuk Kacang Salji

BAHAN-BAHAN:
- 2 stik tuna ahi
- 1 cawan pucuk kacang salji
- 1 cawan lobak merah julienned
- 1/4 cawan kicap
- 1 sudu besar minyak bijan
- 1 sudu besar madu
- 1 sudu besar bijan

ARAHAN:
a) Perasakan stik tuna dengan garam dan lada sulah, kemudian salut dengan biji bijan.
b) Panaskan kuali atau kuali panggang di atas api yang sederhana tinggi.
c) Bakar tuna selama 1-2 minit pada setiap sisi untuk pusat yang jarang berlaku.
d) Dalam mangkuk, toskan pucuk kacang salji dan lobak merah muda.
e) Dalam mangkuk kecil yang berasingan, pukul bersama kicap, minyak bijan, dan madu.
f) Tuangkan Persalinan ke atas salad dan toskan hingga menyalut.
g) Potong tuna dan hidangkan di atas salad pucuk kacang salji.

43. Bercambah Kacang Salji dan Salad Musim Panas Mangga

BAHAN-BAHAN:
- 2 cawan pucuk kacang salji
- 1 biji mangga, kupas dan potong dadu
- 1 cawan tomato ceri, dibelah dua
- 1/4 cawan bawang merah, dicincang halus
- 2 sudu besar jus limau nipis
- 1 sudu besar minyak zaitun
- Garam dan lada sulah secukup rasa
- Ketumbar segar untuk hiasan

ARAHAN:

a) Dalam mangkuk besar, gabungkan pucuk kacang salji, mangga potong dadu, tomato ceri dan bawang merah.

b) Dalam mangkuk kecil, pukul bersama jus limau nipis, minyak zaitun, garam dan lada sulah.

c) Tuangkan Persalinan ke atas salad dan kacau perlahan-lahan hingga sebati.

d) Hiaskan dengan daun ketumbar segar sebelum dihidangkan.

44. Salmon Miso-Berkaca dengan Salji Pea Bercambah Sauté

BAHAN-BAHAN:
- 2 fillet salmon
- 2 cawan pucuk kacang salji
- 1 sudu besar pes miso
- 1 sudu besar kicap
- 1 sudu besar mirin
- 1 sudu besar madu
- 1 sudu besar minyak bijan

ARAHAN:
a) Panaskan ketuhar hingga 375°F (190°C).
b) Dalam mangkuk kecil, campurkan pes miso, kicap, mirin, madu, dan minyak bijan untuk membuat sayu.
c) Letakkan fillet salmon pada lembaran pembakar, berus dengan sayu miso, dan bakar selama kira-kira 15-20 minit atau sehingga masak.
d) Dalam kuali, tumis taugeh salji sehingga layu.
e) Hidangkan salmon salut miso di atas tumis taugeh salji.

45. Salad Pea & Mi dengan Jalur Wonton

BAHAN-BAHAN:
- 8 oz. Ayam rebus, dihiris nipis
- 8 oz. Persalinan Bijan-Plum
- 16 ea. Segmen Oren Mandarin
- 4 oz. Mee Nasi Rangup
- 4 oz. Jalur Wonton Rangup
- 4 oz. Blue Diamond Slivered Almond, dibakar
- 2 sudu kecil. Bijan Hitam & Putih
- 1 cawan (150g) kacang polong segar
- 250 gram kacang snap gula, dipotong
- 250 gram kacang salji, dipotong
- 50 gram pucuk kacang salji

ARAHAN:
a) Masukkan semua bahan ke dalam mangkuk adunan.
b) Gaulkan bahan-bahan tadi hingga sebati.
c) Masukkan bahan ke dalam mangkuk hidangan yang besar.
d) Letakkan segmen oren mandarin di sekeliling salad.
e) Hiaskan salad dengan lebih sedikit mi nasi rangup dan Wonton.
f) Taburkan badam cincang Blue Diamond dan biji bijan di atas salad
g) Hiaskan salad dengan beberapa kacang salji yang dihiris nipis.

TUNAI BRUSSELS

46. Pucuk Brussels dengan Wain Putih

BAHAN-BAHAN:
VINAIGRETTE MAPLE
- 7 sudu besar sirap maple
- ½ cawan minyak zaitun
- ¼ cawan Cuka Wain Putih Organik Holland House
- ¼ cawan air
- 2 sudu besar thyme segar
- secubit garam + lada sulah
- 2 sudu besar mustard madu

UNTUK SALAD
- 18 auns pucuk brussel yang dicukur
- ½ cawan beras liar gunakan sebarang jenis yang anda suka
- 3 sudu besar Holland House White Cooking Wine
- 2/3 cawan pepita masin
- 2/3 cawan cranberi kering
- ½ cawan pecan, dicincang kasar
- 2/3 cawan keju parmesan yang dicukur

ARAHAN:

MEMBUAT PERSOALAN:

a) Keluarkan daun thyme dari batang sebaik yang anda boleh/ Masukkan semua bahan pembalut ke dalam pemproses makanan atau pengisar rendaman, dan denyut sehingga semuanya sebati dan berkrim.

b) Jika anda tidak mempunyai salah satu daripada peralatan ini, cincang halus thyme dengan tangan, kemudian masukkannya dan bahan-bahan lain ke dalam balang. Dengan penutup tertutup rapat, goncang dengan baik sehingga semuanya digabungkan.

MASAK NASI LIAR:

c) Masak nasi liar mengikut arahan bungkusan, menggantikan 1/3 daripada kuantiti air masak yang disenaraikan dengan Wain Masakan Putih Holland House. Dalam kes saya, saya memerlukan 10 sudu besar air, jadi saya menggunakan kira-kira 3 sudu besar White Cooking Wine, dan 7 sudu besar air.

HIMPUNKAN SALAD:

d) Masukkan pucuk brussels ke dalam mangkuk salad anda, kemudian masukkan bahan-bahan yang lain.

e) Toskan dengan Persalinan apabila sedia untuk dihidangkan.

47. Salad Quinoa Brussel Bercambahs

BAHAN-BAHAN:
- ½ cawan quinoa kering dibilas dengan baik, masak
- 1 paun pucuk Brussel dibersihkan, dibelah dua dan dikukus atau dimasak sehingga lembut
- 10 biji berangan masak/bakar dihiris
- ¼ cawan pasli cincang
- ¼ cawan cranberi kering atau aprikot kering cincang
- 1 bawang merah besar, karamel
- garam laut dan lada hitam secukup rasa
- ½ cawan Lumut Laut seluruh daun kering, dikoyakkan menjadi kepingan seukuran gigitan

SAKAIAN MUSTARD OREN
- 1 oren sederhana, dijus
- 1 sudu kecil kulit oren
- 1 Sudu besar sirap maple
- 2 sudu teh mustard lembut
- 1 sudu besar jus lemon segar

ARAHAN:
a) Masukkan semua bahan untuk salad ke dalam mangkuk besar.
b) Campurkan bahan-bahan untuk berpakaian dalam balang kecil atau mangkuk.
c) Tuangkan ke atas salad dan gaul rata.

48. Brussels, Lobak Merah & Hijau

BAHAN-BAHAN:
- 1 brokoli
- 2 lobak merah, dihiris nipis
- 6 pucuk brussels
- 2 ulas bawang putih
- 1 sudu teh biji jintan
- 1/2 buah lemon
- Kupas 1 lemon Minyak zaitun

ARAHAN:
a) Kukus semua sayur selama 5-8 minit dengan api perlahan.
b) Tumis bawang putih dengan biji jintan, kulit limau, 1/2 jus lemon, dan minyak zaitun.
c) Masukkan lobak merah dan pucuk Brussels.

49. Salad Pucuk Brussels

BAHAN-BAHAN:
- 1 cawan bulgur kering
- 8 auns pucuk Brussels
- 1 buah delima
- 1 pir, potong dadu
- ¼ cawan walnut, dicincang kasar
- 1 bawang merah sederhana, dikisar
- 2 sudu besar minyak zaitun
- 2 sudu besar cuka balsamic
- ⅛ sudu teh garam
- ⅛ sudu teh lada
- Salad Bercambah Brussels Mentah

ARAHAN:

a) Campurkan 2 cawan air sejuk dan bulgur kering dalam periuk kecil. Didihkan, kemudian kecilkan kepada tetapan api perlahan dan kacau sekali-sekala.

b) Reneh selama 12-15 minit, atau sehingga bulgur lembut. Sebarang cecair tambahan hendaklah disalirkan dan ketepikan untuk menyejukkan.

c) Potong batang dan keluarkan sebarang daun yang keras atau kering dari pucuk Brussels.

d) Potong pucuk Brussels separuh dari atas ke bawah, keluarkan batangnya. Letakkan pucuk Brussels yang dipotong ke bawah dan mula menghirisnya nipis dari atas ke bawah untuk mencincangnya.

e) Dalam mangkuk adunan yang besar, toskan pucuk Brussels perlahan-lahan sehingga lapisan pecah, kemudian ketepikan.

f) Keluarkan biji dari buah delima.

g) Apabila delima telah dijaringkan, putarkannya untuk membelahnya kepada dua dan berhati-hati mengupas kulitnya untuk mengeluarkan bijinya. Pegang bahagian buah delima yang dipotong di atas mangkuk dan pukul bahagian belakangnya dengan sudu kayu sehingga semua biji jatuh.

h) Toskan pucuk Brussels dengan biji delima, walnut dan pear. Toskan bulgur dengan garpu dan hidangkan bersama salad.

i) Satukan bawang merah, minyak, cuka, garam, dan lada sulah dalam mangkuk kecil yang berasingan.

j) Masukkan salad ke dalam sos untuk dicampur. Hidangkan dan Nikmati!

50.Mangkuk Kacang mentega Skuasy dan Kale

BAHAN-BAHAN:
- ½ cawan farro mutiara
- 1¼ cawan air
- Garam kosher dan lada hitam yang baru dikisar
- 1 labu Kacang mentega kecil, dikupas dan dihiris
- 1 paun pucuk Brussels, dipotong dan dibelah dua
- 2 sudu besar alpukat, kelapa, atau minyak zaitun extra-virgin
- 3 cawan kangkung kukus
- 1 cawan radicchio yang dicincang
- 1 biji epal pejal, dibuang biji dan dipotong dadu
- Kacang ayam rangup
- 1 resepi Sos Tahini Maple Pedas

ARAHAN:

a) Panaskan ketuhar hingga 425°F.

b) Masukkan farro, air, dan secubit garam ke dalam periuk sederhana. Didihkan, kemudian kecilkan api, tutup, dan reneh sehingga farro lembut dengan kunyah sedikit, kira-kira 30 minit.

c) Sementara itu, toskan labu dan pucuk Brussels dengan minyak, garam dan lada sulah. Sapukan dalam satu lapisan pada lembaran pembakar berbingkai. Panggang sehingga labu lembut dan pucuk Brussels berwarna perang dan rangup, kira-kira 20 minit, kacau sekali separuh.

d) Untuk menghidangkan, bahagikan kangkung di antara mangkuk. Teratas dengan skuasy, pucuk Brussels, farro, radicchio dan epal. Taburkan kacang ayam yang rangup dan siram dengan Sos Tahini Maple Pedas.

51. Mangkuk Kuasa Jeruk Manis dan Salmon

BAHAN-BAHAN:
- Jus daripada 1 oren pusat
- 3 sudu besar cuka beras
- 2 sudu teh minyak bijan panggang
- 2 sudu teh madu
- Garam laut kosher dan lada hitam yang baru dikisar
- 1 cawan farro mutiara
- 2½ cawan air
- 4 fillet salmon
- 2 sudu besar avokado atau minyak zaitun extra-virgin, dibahagikan
- 1 paun pucuk Brussels, dipotong dan dibelah dua
- ½ radicchio kepala sederhana, dicincang halus
- 1 mentol adas, dipotong dan dihiris nipis
- 2 oren, dikupas dan dipotong-potong, sebaiknya Cara Cara atau darah
- buah oren
- 4 biji daun bawang, bahagian hijau sahaja, hiris nipis
- Pistachio panggang, dicincang

ARAHAN:

a) Pukul bersama jus oren, cuka, minyak bijan, madu, dan secubit garam dan lada sulah dalam mangkuk kecil; mengetepikan.

b) Masukkan farro, air, dan secubit garam ke dalam periuk sederhana. Didihkan, kemudian kecilkan api ke sederhana rendah, tutup, dan reneh sehingga farro lembut dengan kunyah sedikit, kira-kira 30 minit.

c) Sementara itu, susunkan rak ketuhar 6 inci di bawah ayam pedaging, dan tetapkan ketuhar untuk memanggang. Sapu salmon dengan 1 sudu besar minyak dan perasakan dengan garam dan lada sulah. Letakkan kulit salmon menghadap ke bawah pada satu sisi lembaran pembakar berbingkai foil.

d) Toskan pucuk Brussels dengan baki 1 sudu besar minyak, garam dan lada, kemudian ratakan dalam lapisan yang sama di sisi lain lembaran penaik. Bakar sehingga salmon masak dan mudah mengelupas, 6 hingga 8 minit, bergantung pada ketebalan.

e) Untuk menghidangkan, bahagikan farro, pucuk Brussels, dan radicchio di antara mangkuk. Teratas dengan salmon, adas, bahagian oren, daun bawang dan pistachio.

f) Pukul pembalut sekali lagi dan gerimis di atasnya.

52.Mason jar bit , delima dan brussels bercambah

BAHAN-BAHAN:
- 3 bit sederhana
- 1 sudu besar minyak zaitun
- Garam kosher dan lada hitam yang baru dikisar, secukup rasa
- 1 cawan farro
- 4 cawan bayi bayam atau kangkung
- 2 cawan pucuk Brussels, dihiris nipis
- 3 clementine, dikupas dan dibahagikan
- ½ cawan pecan, dibakar
- ½ cawan biji delima

VINAIGRET WINE MERAH MADU-DIJON
- ¼ cawan minyak zaitun extra-virgin
- 2 sudu besar cuka wain merah
- ½ bawang merah, dikisar
- 1 sudu besar madu
- 2 sudu teh mustard bijirin penuh
- Garam kosher dan lada hitam yang baru dikisar, secukup rasa

ARAHAN:

a) Panaskan ketuhar hingga 400 darjah F. Lapik loyang dengan kerajang.

b) Letakkan bit pada kerajang, gerimis dengan minyak zaitun, dan perasakan dengan garam dan lada.

c) Lipat semua 4 sisi kerajang untuk membuat kantung. Bakar sehingga garpu lembut, 35 hingga 45 minit; biarkan sejuk, kira-kira 30 minit.

d) Menggunakan tuala kertas bersih, gosok bit untuk mengeluarkan kulit; potong dadu mengikut saiz gigitan.

e) Masak farro mengikut arahan pakej, kemudian biarkan sejuk.

f) Bahagikan bit ke dalam 4 balang kaca mulut lebar dengan penutup. Teratas dengan bayam atau kangkung, farro, pucuk Brussels, clementine, pecan dan biji delima.

UNTUK VINAIGRETTE:

g) Pukul bersama minyak zaitun, cuka, bawang merah, madu, sawi, dan 1 sudu besar air; perasakan dengan garam dan lada sulah secukup rasa. Tutup dan sejukkan sehingga 3 hari.

h) Untuk menghidangkan, masukkan vinaigrette ke dalam setiap balang dan goncang. Hidangkan segera.

53. Sayur & Farro

BAHAN-BAHAN:
- 2 lobak merah, dikupas dan dihiris
- 2 biji parsnip, dikupas dan dihiris
- 8 auns pucuk Brussels, dipotong
- ¼ cawan minyak zaitun, dibahagikan
- ¼ sudu teh garam, dibahagikan
- ¼ cawan kismis
- ¼ sudu teh lada hitam, dibahagikan
- 1 cawan farro kering, masak
- 1 sudu besar cuka epal
- 2 sudu teh mustard Dijon
- ¼ cawan pecan, dicincang kasar

ARAHAN:

a) Sediakan ketuhar dengan memanaskannya hingga 400 darjah Fahrenheit.

b) Satukan lobak merah, parsnip, dan pucuk Brussels dengan 2 sudu besar minyak zaitun, sedikit garam dan lada sulah dan sapukan pada kuali yang telah disapu minyak.

c) Panggang selama 22 minit, sehingga garing di sekeliling tepi, terbalikkan separuh.

d) Satukan baki 2 sudu besar minyak zaitun, baki ⅛ sudu teh garam, baki ⅛ sudu teh lada, cuka sari dan mustard Dijon dalam hidangan kecil.

e) Bakar pecan dalam kuali tumis kering dengan api sederhana sehingga harum, kira-kira 3 minit.

f) Hidangkan sayur-sayuran panggang, farro yang dimasak, sos, walnut panggang dan kismis dalam pinggan atau mangkuk hidangan.

54. Mangkuk buddha ayam Thai

BAHAN-BAHAN:
SAMBAL KACANG PEDAS
- 3 sudu besar mentega kacang berkrim
- 2 sudu besar jus limau nipis yang baru diperah
- 1 sudu besar kicap natrium berkurangan
- 2 sudu teh gula perang gelap
- 2 sudu teh sambal oelek (pes cili segar dikisar)

SALAD
- 1 cawan farro
- ¼ cawan stok ayam
- 1 ½ sudu besar sambal oelek (pes cili segar yang dikisar)
- 1 sudu besar gula perang ringan
- 1 sudu besar jus limau nipis yang baru diperah
- 1 paun dada ayam tanpa tulang tanpa kulit, dipotong menjadi kepingan 1 inci
- 1 sudu besar tepung jagung
- 1 sudu besar sos ikan
- 1 sudu besar minyak zaitun
- 2 ulas bawang putih, dikisar
- 1 bawang merah, dikisar
- 1 sudu besar halia yang baru diparut
- Garam kosher dan lada hitam yang baru dikisar, secukup rasa
- 2 cawan kangkung yang dicincang
- 1 ½ cawan kubis ungu yang dicincang
- 1 cawan taugeh
- 2 lobak merah, kupas dan parut
- ½ cawan daun ketumbar segar
- ¼ cawan kacang tanah panggang

ARAHAN:

a) Pukul bersama mentega kacang, jus limau nipis, kicap, gula perang, sambal oelek, dan 2 hingga 3 sudu air dalam mangkuk kecil. Tutup dan sejukkan sehingga 3 hari.

b) Masak farro mengikut arahan pakej ; mengetepikan.

c) Semasa farro masak, dalam mangkuk kecil, pukul bersama stok, sambal oelek, gula perang, dan jus limau; mengetepikan.

d) Dalam mangkuk besar, satukan ayam, tepung jagung, dan sos ikan, toskan hingga berlapis, dan biarkan ayam menyerap tepung jagung selama beberapa minit.

e) Panaskan minyak zaitun dalam kuali besar di atas api sederhana. Masukkan ayam dan masak sehingga kekuningan, 3 hingga 5 minit. Masukkan bawang putih, bawang merah, dan halia dan teruskan masak, kacau kerap, sehingga wangi, kira-kira 2 minit. Masukkan adunan stok dan masak sehingga sedikit pekat, kira-kira 1 minit. Perasakan dengan garam dan lada sulah secukup rasa.

f) Bahagikan farro ke dalam bekas penyediaan makanan. Teratas dengan ayam, kangkung, kubis, taugeh, lobak merah, ketumbar dan kacang tanah. Akan disimpan dalam peti sejuk selama 3 hingga 4 hari. Hidangkan bersama kuah kacang pedas.

55. Salad Bercambah Brussels Mentah

BAHAN-BAHAN:
- 1 cawan bulgur kering
- 1 bawang merah sederhana, dikisar
- 8 auns pucuk Brussels
- 2 sudu besar minyak zaitun
- 1 buah delima
- 2 sudu besar cuka balsamic
- 1 pir, potong dadu
- ⅛ sudu teh garam
- ¼ cawan walnut, dicincang kasar
- ⅛ sudu teh lada

ARAHAN:
a) Ambil periuk kecil dan campurkan 2 cawan air sejuk dengan bulgur kering.
b) Didihkan campuran ini, kemudian tutup dan kecilkan api ke sederhana-rendah.
c) Kacau sekali-sekala semasa anda membenarkan bulgur mendidih selama 12-15 minit, atau sehingga ia mencapai konsistensi lembut.
d) Setelah selesai, toskan sebarang cecair yang berlebihan dan ketepikan bulgur supaya sejuk.
e) Mulakan dengan menyediakan pucuk Brussels. Keluarkan sebarang daun yang keras atau layu dan potong batangnya. Potong pucuk Brussels separuh dari atas ke bawah ke tempat batangnya dahulu.
f) Letakkannya rata dengan bahagian yang dipotong menghadap ke bawah dan carikkannya dengan berhati-hati dengan menghiris nipis dari atas ke bawah.
g) Perlahan-lahan campakkan pucuk Brussels yang dicincang ini dalam mangkuk yang lapang, pisahkan lapisan dan ketepikan.
h) Untuk mengekstrak biji daripada delima, pastikan batangnya utuh dan skor buahnya sepanjang jalan, sama seperti menyediakan pic atau alpukat. Elakkan memotong sepanjang jalan.
i) Selepas pemarkahan, pintal delima supaya ia terbelah kepada dua bahagian, kemudian perlahan-lahan kupas kulit untuk melepaskan biji.
j) Pegang bahagian yang dipotong menghadap ke bawah di atas mangkuk dan ketuk bahagian belakang delima dengan sudu kayu sehingga semua biji tertanggal.
k) Satukan biji delima, walnut dan pear dengan pucuk Brussels yang dicincang.
l) Kisarkan bulgur yang telah disejukkan dengan garpu dan masukkan ke dalam salad.
m) Dalam mangkuk kecil yang berasingan, pukul bersama bawang merah, minyak, cuka, garam dan lada sulah. Tuangkan Persalinan ini ke atas salad dan gaulkan semuanya sehingga sebati. Hidangkan dan nikmati!

56. Salad Pic dengan Salmon Tumis

BAHAN-BAHAN:
- semburan masakan
- 1 4-6 auns filet salmon dicairkan jika sebelum ini dibekukan
- 3 buah pic, dipotong menjadi kepingan
- ½ biji tomato keseluruhan
- 1 cawan pucuk Brussels
- 1 80g roket bayi
- 3 helai daun selasih
- garam dan lada sulah secukup rasa
- 1 sudu besar balsamic glaze
- 1 sudu teh jus lemon

BUTTERMILK RANCH PERSALINAN
- 1/2 cawan krim masam
- 1/2 cawan buttermilk
- 1/4 cawan mayonis
- 2 ulas bawang putih, dikisar
- 1 sudu kecil garam
- 1/4 sudu teh lada
- 1-1/2 sudu teh dill kering
- 1/4 cawan daun kucai segar yang dicincang halus
- 2 sudu teh jus lemon segar
- Sedikit sos Tabasco

ARAHAN:
a) Panaskan kuali kecil di atas dapur dengan api sederhana tinggi. Tambah filet salmon 4 oz. Perasakan dengan garam dan lada sulah. Masak di bahagian pertama selama kira-kira 4 minit dan kemudian balik.

b) Semasa salmon memasak, potong ½ setiap tomato dan pic. Potong menjadi kepingan setebal kira-kira ¼ inci.

c) Salmon atas dengan hirisan pic dan tomato, perah 1 sudu kecil jus lemon ke atas buah, gerimis 1 sudu besar balsamic glaze ke atas buah dan tambah 3 helai daun selasih yang dihiris nipis. Masukkan garam dan lada sulah secukup rasa.

d) bahan pembalut dalam pengisar dan gerimis di atas salad.

TAUGEH CAMPUR

57.Salad Timun dan Pucuk

BAHAN-BAHAN:
- 1/2 Timun
- 8 biji tomato ceri
- 2 genggam daun bayam
- Segenggam daun salad
- 1/2 tin kacang cincang
- 2 genggam besar pucuk

PERSALINAN:
- 1 sudu kecil kulit limau nipis
- 1 sudu teh Aminos Cecair
- 1 sudu besar minyak zaitun
- 1 inci halia, ditumbuk
- 1 sudu besar kulit oren
- 1/2 jus limau nipis

ARAHAN:

a) Kukus asparagus dan kacang salji selama 3-6 minit dengan api perlahan.

b) Campurkan asparagus dan kacang salji dengan garam dan lada.

c) Tuangkan jus lemon pada salad.

58.Broccoli Goreng Kembang Kol

BAHAN-BAHAN:
- 4 kuntum brokoli
- 4 kuntum bunga kobis
- 1 lada
- Segenggam aneka taugeh
- 3 biji bawang besar
- 1 ulas bawang putih, Cincang Aminos Cecair
- Beras liar/perang

ARAHAN:
a) Masak nasi dalam stok sayuran yang bebas yis.
b) Goreng bawang putih dan bawang besar dalam pengukus selama tiga minit.
c) Masukkan bahan-bahan yang tinggal dan reneh selama beberapa minit lagi.

59.Mangkuk Sayur Panggang Kunyit

BAHAN-BAHAN:
- ½ kepala kembang kol sederhana, potong bunga
- ½ paun lobak bayi, bahagian atas berdaun dibuang
- 4 bit sederhana, dipotong, dikupas, dan dipotong dadu
- 4 sudu besar alpukat atau minyak zaitun extra-virgin, dibahagikan
- 1 sudu teh kunyit kisar
- 1 sudu teh jintan kisar
- Garam kosher dan lada hitam yang baru dikisar
- ¾ cawan millet
- 1¾ cawan air, dibahagikan
- 4 cawan yang dibungkus dicincang kangkung
- ⅛ sudu teh kepingan lada merah
- 4 biji telur rebus
- 8 biji lobak, dipotong dan dibelah empat
- 2 daun bawang, bahagian hijau sahaja, dihiris nipis
- 1 resipi Sos Yogurt Cilantro
- Brokoli, semanggi atau pucuk alfalfa

ARAHAN:

a) Panaskan ketuhar hingga 400°F.

b) Masukkan kembang kol, lobak merah, dan bit dengan 2 sudu besar minyak, kunyit, jintan, garam dan lada.

c) Susun sayur-sayuran dalam lapisan sekata di atas loyang berbingkai. Panggang sehingga lembut dan perang di sekeliling tepi, kira-kira 20 minit, kacau sekali separuh.

d) Sementara itu, panaskan 1 sudu besar minyak dalam periuk sederhana. Masukkan bijirin, kacau hingga berlapis, dan bakar sehingga perang keemasan, 4 hingga 5 minit. Tuangkan 1½ cawan air dan secubit garam. Air akan menggelegak dan memancut pada mulanya, tetapi akan mendap dengan cepat.

e) Didihkan, kemudian kecilkan api ke rendah, tutup, dan reneh sehingga lembut, kira-kira 15 minit. Angkat dari api dan kukus dalam periuk selama 5 minit.

f) Panaskan baki 1 sudu besar minyak dalam kuali besar di atas api sederhana.

g) Masukkan kangkung, garam, dan kepingan lada merah.

h) Masak, kacau sekali-sekala, sehingga layu sahaja. Tuangkan baki ¼ cawan air dan masak sehingga sayur-sayuran lembut dan cecair diserap, kira-kira 5 minit.

i) Untuk menghidangkan, bahagikan bijirin di antara mangkuk. Teratas dengan sayur-sayuran panggang, kangkung, telur rebus, lobak dan daun bawang.

j) Siram dengan Sos Yogurt Cilantro dan hiaskan dengan taugeh.

60. Pucuk Campur dan Tumis Sayur

BAHAN-BAHAN:
- 2 cawan taugeh campuran (alfalfa, kacang hijau, brokoli, dll.)
- 1 cawan lada benggala berwarna-warni, dihiris nipis
- 1 cawan kacang snap, hujung dipotong
- 1 lobak merah, julienned
- 2 sudu besar kicap
- 1 sudu besar minyak bijan
- 1 sudu besar halia, dikisar
- 2 ulas bawang putih, dikisar
- 1 sudu besar minyak zaitun
- Biji bijan untuk hiasan

ARAHAN:
a) Dalam kuali atau kuali, panaskan minyak zaitun di atas api yang sederhana tinggi.
b) Masukkan bawang putih dan halia kisar, tumis hingga naik bau.
c) Masukkan taugeh campuran, lada benggala, kacang pis, dan lobak merah. Tumis hingga sayur empuk.
d) Tuangkan kicap dan minyak bijan, tos hingga berbalut.
e) Hiaskan dengan bijan sebelum dihidangkan.

61. Salad Pucuk Campur dan Quinoa

BAHAN-BAHAN:
- 2 cawan taugeh campuran (lentil, alfalfa, kacang ayam, dll.)
- 1 cawan quinoa masak
- 1 timun, potong dadu
- 1/2 biji bawang merah, dihiris halus
- 1/4 cawan keju feta, hancur
- 2 sudu besar balsamic vinaigrette
- Pasli segar untuk hiasan

ARAHAN:
a) Dalam mangkuk besar, gabungkan pucuk campuran, quinoa masak, timun, bawang merah dan keju feta.
b) Gerimis dengan balsamic vinaigrette dan toskan perlahan-lahan hingga sebati.
c) Hiaskan dengan pasli segar sebelum dihidangkan.

62. Campuran Taugeh dan Bungkus Hummus

BAHAN-BAHAN:
- 1 tortilla bijirin besar
- 2 cawan pucuk campur
- 1/2 cawan hummus
- 1/2 buah avocado, dihiris
- 1/4 cawan lobak merah yang dicincang
- Garam dan lada sulah secukup rasa

ARAHAN:
a) Sapukan hummus secara merata ke atas tortilla bijirin penuh.
b) Lapiskan pucuk campuran, hirisan alpukat, dan lobak merah yang dicincang pada satu sisi tortilla.
c) Perasakan dengan garam dan lada sulah.
d) Gulungkan tortilla dengan ketat untuk membentuk bungkus.
e) Potong separuh dan hidangkan.

63. Campuran Pucuk dan Ayam Buddha Mangkuk

BAHAN-BAHAN:
- 2 cawan taugeh campuran (kacang kuning, alfalfa, lobak, dll.)
- 1 cawan dada ayam masak, dihiris
- 1 cawan beras perang masak
- 1/2 cawan tomato ceri, dibelah dua
- 1/4 cawan kobis ungu yang dicincang
- 1/4 cawan hirisan lobak
- Pembalut Tahini:
- 2 sudu besar tahini
- 1 sudu besar jus lemon
- 1 sudu besar minyak zaitun
- Garam dan lada sulah secukup rasa

ARAHAN:
a) Susun beras perang dalam mangkuk.
b) Teratas dengan pucuk campur, ayam yang dihiris, tomato ceri, kubis ungu yang dicincang dan lobak yang dihiris.
c) Dalam mangkuk kecil, pukul tahini, jus lemon, minyak zaitun, garam, dan lada.
d) Siramkan Persalinan ke atas mangkuk Buddha sebelum dihidangkan.

64. Campuran Taugeh dan Tauhu Pad Thai

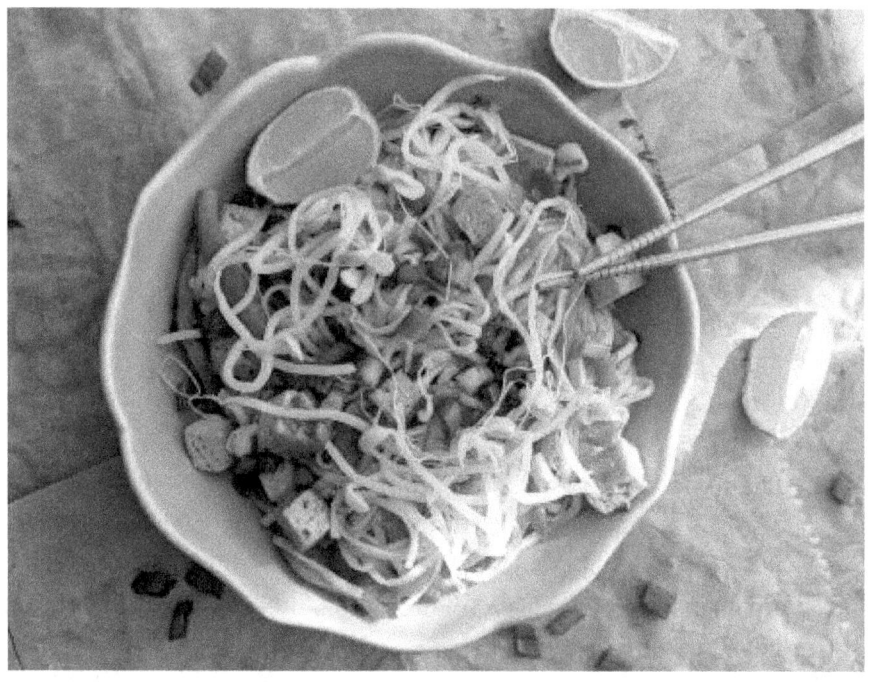

BAHAN-BAHAN:
- 2 cawan pucuk campur
- 8 auns mee beras, masak
- 1 cawan tauhu pejal, dipotong dadu
- 1 cawan taugeh
- 1 lobak merah, julienned
- 2 biji bawang hijau, dihiris
- 1/4 cawan kacang tanah, dicincang
- Sos Pad Thai:
- 3 sudu besar kicap
- 2 sudu besar pes asam jawa
- 1 sudu besar sirap maple
- 1 sudu teh sriracha

ARAHAN:
a) Dalam kuali atau kuali besar, tumis kiub tauhu sehingga perang keemasan.
b) Masukkan mee beras yang telah dimasak, taugeh campur, taugeh, lobak merah julienned, dan bawang hijau.
c) Dalam mangkuk kecil, pukul bersama kicap, pes asam jawa, sirap maple, dan sriracha untuk membuat sos Pad Thai.
d) Tuangkan sos ke atas mee dan sayur-sayuran, toskan hingga berbalut.
e) Hidangkan panas-panas, hias dengan kacang tanah cincang.

65. Kari Pucuk Campur dan Chickpea

BAHAN-BAHAN:
- 2 cawan pucuk campur
- 1 tin kacang, toskan dan bilas
- 1 biji bawang, dicincang halus
- 2 biji tomato, potong dadu
- 1/2 cawan santan
- 2 sudu besar serbuk kari
- 1 sudu besar minyak sayuran
- Garam dan lada sulah secukup rasa
- Ketumbar segar untuk hiasan

ARAHAN:

a) Dalam kuali, panaskan minyak sayuran di atas api sederhana. Tumis bawang cincang sehingga lut sinar.

b) Masukkan tomato dadu, taugeh campur, dan kacang ayam. Masak selama beberapa minit.

c) Masukkan serbuk kari, santan, garam dan lada sulah. Reneh hingga pucuk empuk.

d) Hiaskan dengan daun ketumbar segar sebelum dihidangkan.

e) Hidangkan di atas nasi atau dengan naan.

66. Pucuk Campur dan Lada Loceng Sumbat Feta

BAHAN-BAHAN:
- 2 cawan pucuk campur
- 4 lada benggala, dibelah dua dan dibuang biji
- 1 cawan quinoa masak
- 1/2 cawan keju feta, hancur
- 1/4 cawan buah zaitun Kalamata, dicincang
- 2 sudu besar minyak zaitun
- 1 sudu besar cuka balsamic
- Garam dan lada sulah secukup rasa

ARAHAN:
a) Panaskan ketuhar hingga 375°F (190°C).
b) Dalam mangkuk, campurkan pucuk campuran, quinoa masak, keju feta, buah zaitun Kalamata, minyak zaitun, cuka balsamic, garam dan lada.
c) Sumbat setiap separuh lada benggala dengan adunan.
d) Bakar lebih kurang 20-25 minit atau sehingga lada empuk.
e) Hidangkan hangat.

67. Mangkuk Sushi Campuran Tauge dan Avocado

BAHAN-BAHAN:
- 2 cawan pucuk campur
- 1 cawan nasi sushi, masak
- 1 buah alpukat, dihiris
- 1 timun, julienned
- 1/4 cawan jeruk halia
- Kicap dan wasabi untuk dihidangkan
- Biji bijan untuk hiasan

ARAHAN:
a) Dalam mangkuk, lapiskan nasi sushi yang telah dimasak, taugeh campuran, hirisan alpukat dan timun julienned.
b) Teratas dengan jeruk halia dan taburkan dengan bijan.
c) Hidangkan bersama kicap dan wasabi di sebelah.
d) Nikmati mangkuk sushi yang telah dibongkar!

MUNG BERCAMBAH

68.Salad Taugeh Ibu

BAHAN-BAHAN:
- 1 cawan tumbuh lentil hijau keseluruhan
- 1 bawang hijau, dicincang
- 1 tomato, dicincang
- ½ lada benggala merah atau kuning, dicincang
- 1 timun, dikupas dan dicincang
- 1 biji kentang, direbus, dikupas dan dicincang
- 1 keping akar halia, dikupas dan diparut atau dikisar
- 1 cili Thai, serrano, atau cayenne hijau, dicincang
- ¼ cawan cilantro segar yang dicincang
- Jus ½ lemon atau limau nipis
- ½ sudu teh garam laut
- ½ sudu teh serbuk cili merah atau cayenne
- ½ sudu teh minyak

ARAHAN:
a) Satukan semua bahan dan gaul rata.

69. Salad Gado Gado Gaya Cina

BAHAN-BAHAN:
- Sos Kacang
- 2 labu merah
- 2 biji telur rebus
- ½ timun Inggeris
- ½ cawan kacang salji
- ½ cawan kembang kol
- ½ cawan daun bayam
- ½ cawan lobak merah, dicincang
- ½ cawan taugeh
- Tauhu (pilihan)

ARAHAN:

a) Rebus labu dengan kulitnya dan hiris. Rebus telur dan potong menjadi kepingan nipis. Kupas timun dan potong menjadi kepingan nipis. Talikan kacang salji. Potong bunga kobis.

b) Blanch kacang salji, daun bayam, lobak merah, dan taugeh.

c) Susun sayur-sayuran di atas pinggan, bekerja dari luar ke dalam. Anda boleh menyusun sayur-sayuran dalam sebarang susunan, tetapi hirisan telur rebus harus diletakkan di atas.

d) Tuangkan Sos Kacang ke atas salad. Hidangkan segera.

70.Salad Taugeh

BAHAN-BAHAN:
- 2 cawan taugeh
- 1 biji timun, dihiris nipis
- 1 lobak merah, julienned
- 1/2 lada benggala merah, dihiris nipis
- 1/4 cawan ketumbar, dicincang
- 2 sudu besar kicap
- 1 sudu besar minyak bijan
- 1 sudu besar cuka beras
- 1 sudu teh gula
- Biji bijan untuk hiasan

ARAHAN:

a) Dalam mangkuk besar, satukan taugeh, timun, lobak merah, lada benggala merah dan ketumbar.

b) Dalam mangkuk kecil, pukul bersama kicap, minyak bijan, cuka beras, dan gula.

c) Tuangkan Persalinan ke atas salad dan toskan perlahan-lahan hingga menyalut.

d) Hiaskan dengan bijan sebelum dihidangkan.

71. Taugeh Goreng Kacang Hijau

BAHAN-BAHAN:
- 2 cawan taugeh
- 1 cawan tauhu lebih pejal, dipotong dadu
- 1 cawan kacang snap, hujung dipotong
- 1 lobak merah, julienned
- 2 sudu besar kicap
- 1 sudu besar sos tiram
- 1 sudu besar minyak bijan
- 2 ulas bawang putih, dikisar
- 1 sudu teh halia, parut
- Bawang hijau untuk hiasan

ARAHAN:

a) Dalam kuali atau kuali, panaskan minyak bijan di atas api yang sederhana tinggi.
b) Masukkan bawang putih kisar dan halia parut, tumis hingga naik bau.
c) Masukkan kiub tauhu dan masak sehingga perang keemasan.
d) Masukkan kacang kakap, lobak merah muda, dan taugeh. Tumis hingga sayur empuk.
e) Tuangkan kicap dan sos tiram, toskan hingga berbalut.
f) Hiaskan dengan bawang hijau cincang sebelum dihidangkan.

72. Taugeh dan Mee Ayam Sup

BAHAN-BAHAN:
- 2 cawan taugeh
- 1 cawan dada ayam masak, dicincang
- 2 cawan air rebusan ayam
- 1 cawan mee beras, masak
- 1 lobak merah, dihiris
- 1/2 cawan baby bok choy, dicincang
- 1 sudu besar kicap
- 1 sudu teh minyak bijan
- Ketumbar segar untuk hiasan

ARAHAN:
a) Dalam periuk, masak air rebusan ayam hingga mendidih.
b) Masukkan taugeh, ayam yang dicincang, lobak merah yang dihiris, dan baby bok choy.
c) Masak hingga sayur empuk.
d) Masukkan mee masak, kicap, dan minyak bijan.
e) Hiaskan dengan daun ketumbar segar sebelum dihidangkan.

73. Pucuk Kacang Hijau dan Gulung Musim Panas Udang

BAHAN-BAHAN:
- Pembalut kertas beras
- 1 cawan taugeh
- 1/2 paun udang masak, dikupas dan dikeringkan
- 1 timun, julienned
- Daun pudina segar
- Mee bihun, masak
- Sos pencicah hoisin-kacang:
- 3 sudu besar sos hoisin
- 2 sudu besar mentega kacang
- 1 sudu besar kicap
- 1 sudu besar jus limau nipis

ARAHAN:
a) Sediakan pembalut kertas beras mengikut **arahan pakej.**
b) Letakkan setiap pembungkus rata dan isi dengan taugeh, udang masak, timun, daun pudina dan mee bihun.
c) Gulungkan pembalut dengan ketat, lipat bahagian tepi semasa anda pergi.
d) Untuk sos pencicah, pukul bersama sos hoisin, mentega kacang, kicap dan jus limau.
e) Hidangkan gulung musim panas dengan sos pencicah.

TUNAI DAIKON

74. Salad Makanan Laut dengan Vinaigrette Wasabi Segar

BAHAN-BAHAN:
UNTUK VINAIGRET WASABI SEGAR:
- 2 sudu besar wasabi parut segar (boleh digantikan dengan 1 sudu besar lobak pedas segar dan 2 sudu teh serbuk wasabi)
- 1 sudu besar kicap nipis
- Jus 1 lemon
- 1 sudu teh Gula
- ⅓ cawan minyak Canola
- Garam, secukup rasa

UNTUK SALAD:
- ¼ paun daging ketam yang dipetik
- 2 ekor udang galah, dibelah dua
- 12 ekor udang besar, dikupas dan dibuang
- 4 cawan Mizuna (sejenis salad)
- 4 biji tomato Roma masak, dihiris
- 1 pek pucuk Daikon

ARAHAN:
UNTUK VINAIGRET WASABI SEGAR:
a) Dalam mangkuk, campurkan wasabi parut segar (atau campuran serbuk lobak pedas dan wasabi) dengan kicap, jus lemon dan gula.
b) Pukul minyak canola sehingga vinaigrette sebati. Perasakan dengan garam secukup rasa.

UNTUK SALAD:
c) Masak ekor udang galah dan udang sehingga masak dan tidak lagi lutsinar. Anda boleh merebus atau memanggangnya bergantung pada pilihan anda. Setelah masak, biarkan sejuk.
d) Setelah makanan laut sejuk, potong ekor udang galah menjadi kepingan bersaiz gigitan.
e) Dalam mangkuk besar, gabungkan ekor udang galah yang dicincang, daging ketam yang dipetik dan udang yang telah dikupas kulitnya.
f) Masukkan mizuna (atau mana-mana sayur salad pilihan) dan hirisan tomato Roma ke dalam mangkuk dengan makanan laut.
g) Tuangkan vinaigrette wasabi segar yang disediakan ke atas salad.
h) Gaulkan semua bahan secara perlahan-lahan, pastikan ia disalut dengan baik dengan vinaigrette. Rasa dan sesuaikan perasa dengan garam jika perlu.
i) Untuk menghidangkan, bahagikan salad campuran makanan laut di antara empat pinggan.
j) Hiaskan setiap salad dengan pucuk daikon untuk menambah rasa dan persembahan.
k) Nikmati Salad Makanan Laut Campuran yang menyegarkan dengan Vinaigrette Wasabi Segar!

75. Daikon Bercambah dan Gulung Sushi Salmon Asap

BAHAN-BAHAN:
- helaian Nori
- Nasi sushi
- Daikon pucuk
- Kepingan salmon salai
- Avokado, dihiris
- Kicap untuk celup

ARAHAN:
a) Letakkan sehelai nori di atas tikar sushi buluh.
b) Sapukan lapisan nasi sushi pada nori.
c) Susun pucuk daikon, salmon salai dan alpukat di sepanjang satu tepi.
d) Gulung sushi dengan ketat dan potong menjadi kepingan bersaiz gigitan.
e) Hidangkan bersama kicap.

76. Pucuk Daikon dan Bungkus Selada Ayam

BAHAN-BAHAN:
- Daun salad aisberg
- Ayam masak dan cincang
- Daikon pucuk
- Lobak merah yang dicincang
- Sos Hoisin
- Sos soya
- minyak bijan
- Kacang tanah cincang untuk hiasan

ARAHAN:
a) Campurkan ayam yang dicincang, pucuk daikon, dan lobak merah yang dicincang dalam mangkuk.
b) Dalam mangkuk yang berasingan, pukul bersama sos hoisin, kicap, dan minyak bijan.
c) Sudukan adunan ayam ke dalam daun salad.
d) Siramkan sos di atas bungkus dan hiaskan dengan kacang tanah cincang.

77. Daikon Bercambah dan Quinoa Mangkuk

BAHAN-BAHAN:
- Quinoa yang dimasak
- Daikon pucuk
- Tomato ceri, dibelah dua
- Timun, potong dadu
- Keju feta, hancur
- Minyak zaitun
- Cuka balsamic
- Garam dan lada sulah secukup rasa

ARAHAN:
a) Dalam mangkuk, satukan quinoa, pucuk daikon, tomato ceri, timun dan keju feta.
b) Siram dengan minyak zaitun dan cuka balsamic.
c) Perasakan dengan garam dan lada sulah.
d) Tos perlahan-lahan dan hidangkan.

78.Daikon Bercambah dan Salad Avocado

BAHAN-BAHAN:
- Daikon pucuk
- Avokado, dihiris
- Lobak, dihiris nipis
- Bawang merah, hiris nipis
- Vinaigrette lemon:
- 2 sudu besar minyak zaitun
- 1 sudu besar jus lemon
- 1 sudu teh madu
- Garam dan lada sulah secukup rasa

ARAHAN:
a) Susun pucuk daikon, hirisan alpukat, lobak dan bawang merah di atas pinggan hidangan.
b) Dalam mangkuk kecil, pukul bersama minyak zaitun, jus lemon, madu, garam, dan lada.
c) Tuangkan vinaigrette ke atas salad sebelum dihidangkan.

79. Pucuk Daikon dan Tumis Udang

BAHAN-BAHAN:
- Udang, dikupas dan dikupas
- Daikon pucuk
- Bunga brokoli
- Lada benggala, dihiris
- Bawang putih, cincang
- Halia, parut
- Sos soya
- minyak bijan
- Serpihan lada merah (pilihan)

ARAHAN:
a) Dalam kuali atau kuali, panaskan minyak bijan di atas api yang sederhana tinggi.
b) Masukkan bawang putih kisar dan halia parut, tumis hingga naik bau.
c) Masukkan udang, pucuk daikon, brokoli, dan lada benggala. Masak sehingga udang menjadi merah jambu dan sayur-sayuran lembut-rangup.
d) Siram dengan kicap dan toskan hingga berbalut.
e) Jika mahu, taburkan kepingan lada merah sebelum dihidangkan.

TUNAI MILLET

80.Taugeh Millet dan Tumis Sayur

BAHAN-BAHAN:
- 2 cawan pucuk bijirin
- Sayur campur (lada benggala, brokoli, lobak merah), dihiris nipis
- Tauhu atau ayam, potong dadu
- Sos soya
- minyak bijan
- Bawang putih, cincang
- Halia, parut
- Bawang hijau, dicincang
- Millet atau nasi masak untuk dihidangkan

ARAHAN:
a) Dalam kuali atau kuali, panaskan minyak bijan di atas api yang sederhana tinggi.
b) Masukkan bawang putih kisar dan halia parut, tumis hingga naik bau.
c) Masukkan tauhu atau ayam, masak hingga keperangan.
d) Masukkan sayur campur dan taugeh, tumis hingga sayur empuk.
e) Siram dengan kicap dan toskan hingga berbalut.
f) Hiaskan dengan bawang hijau yang dicincang dan hidangkan di atas millet atau nasi yang telah dimasak.

81. Salad Tauge dan Avokado

BAHAN-BAHAN:
- 2 cawan pucuk bijirin
- Sayur salad campur
- Avokado, dihiris
- Tomato ceri, dibelah dua
- Bawang merah, hiris nipis
- Keju feta, hancur
- Vinaigrette balsamic

ARAHAN:
a) Dalam mangkuk besar, satukan taugeh millet, salad sayur-sayuran, alpukat, tomato ceri, bawang merah dan keju feta.
b) Siram dengan balsamic vinaigrette.
c) Tos perlahan-lahan untuk sebati.
d) Hidangkan segera sebagai salad yang menyegarkan.

82. Millet Bercambah dan Chickpea Buddha Mangkuk

BAHAN-BAHAN:
- 2 cawan pucuk bijirin
- Kacang ayam masak
- Keledek panggang, potong dadu
- Quinoa, masak
- Timun, potong dadu

BERPAKAIAN TAHINI:
- 2 sudu besar tahini
- 1 sudu besar jus lemon
- 1 sudu besar minyak zaitun
- Garam dan lada sulah secukup rasa

ARAHAN:
a) Pasang mangkuk dengan pucuk bijirin, kacang ayam yang dimasak, ubi keledek panggang, quinoa dan timun potong dadu.
b) Dalam mangkuk kecil, pukul tahini, jus lemon, minyak zaitun, garam, dan lada.
c) Siramkan Persalinan ke atas mangkuk.
d) Tos ringan sebelum dinikmati.

83.Taugeh dan Kari Kelapa

BAHAN-BAHAN:
- 2 cawan pucuk bijirin
- 1 tin kacang, toskan
- Sayuran campuran (zucchini, lada benggala, lobak merah), dipotong dadu
- 1 tin santan
- Karipap merah
- Bawang putih, cincang
- Halia, parut
- Sos soya
- Nasi merah masak untuk dihidangkan

ARAHAN:
a) Dalam periuk besar, tumis bawang putih kisar dan halia parut.
b) Masukkan sayur campur, kacang ayam, dan taugeh. Masak hingga sayur empuk.
c) Masukkan karipap merah secukup rasa.
d) Tuangkan santan dan kicap. Reneh hingga dipanaskan.
e) Hidangkan di atas beras perang yang telah dimasak.

84. Pucuk sekoi salad

BAHAN-BAHAN:
- ⅓ Cawan Pucuk Millet
- ½ Cawan Kacang Rebus/Kacang Kacang Dalam Tin
- 1 Cili Hijau
- 1 sudu kecil Halia Parut
- 1 sudu besar Bawang besar
- 1.5 sudu besar Tomato Cincang
- 3 sudu besar lada benggala dicincang
- ½ Cawan Lobak Merah Dicincang
- Jus lemon
- 1 sudu besar Cilantro Cincang
- ¼ sudu kecil Garam Hitam
- ½ sudu teh Garam Berperasa

ARAHAN:

a) Dalam mangkuk adunan masukkan kacang tanah yang telah direbus dan disejukkan.

b) Masukkan baki sayur-sayuran yang disediakan.

c) Masukkan garam, daun ketumbar dan perahkan jus lemon segar di atasnya.

d) Akhir sekali masukkan pucuk bijirin gaul semua dan hidangkan segera.

TUNAG LENTIL

85. Salad Pucuk Lentil dan Quinoa

BAHAN-BAHAN:
- 2 cawan pucuk lentil
- 1 cawan quinoa masak
- Tomato ceri, dibelah dua
- Timun, potong dadu
- Bawang merah, dicincang halus
- Keju feta, hancur
- Vinaigrette lemon:
- 3 sudu besar minyak zaitun
- Jus 1 lemon
- 1 sudu teh mustard Dijon
- Garam dan lada sulah secukup rasa

ARAHAN:
a) Dalam mangkuk besar, satukan pucuk lentil, quinoa masak, tomato ceri, timun, bawang merah dan keju feta.
b) Dalam mangkuk kecil, pukul bersama minyak zaitun, jus lemon, mustard Dijon, garam dan lada sulah.
c) Tuangkan vinaigrette ke atas salad dan toskan perlahan-lahan hingga sebati.
d) Hidangkan sejuk.

86. Pucuk Lentil dan Kari Chickpea

BAHAN-BAHAN:
- 2 cawan pucuk lentil
- 1 tin kacang, toskan dan bilas
- 1 biji bawang, dicincang halus
- 2 biji tomato, potong dadu
- Santan
- serbuk kari
- Bawang putih, cincang
- Halia, parut
- Daun ketumbar untuk hiasan
- Nasi masak untuk dihidangkan

ARAHAN:

a) Dalam kuali, tumis bawang putih cincang, halia parut, dan bawang cincang sehingga lut sinar.
b) Masukkan tomato dadu, taugeh dan kacang cincang. Masak selama beberapa minit.
c) Masukkan serbuk kari secukup rasa.
d) Tuangkan santan dan reneh hingga panas.
e) Hidangkan di atas nasi yang telah dimasak, dihiasi dengan daun ketumbar.

87.Salad Kacang Pucuk

BAHAN-BAHAN:
BERCAMBAHED SALAD
- 2 cawan lentil bercambah
- 2 cawan daun arugula segar
- ½ cawan lobak merah dicincang
- 4 bawang hijau segar dihiris, kedua-dua bahagian putih dan hijau

MEMBUAT SALAD
- ¼ cawan minyak zaitun dara tambahan
- 1 sudu besar cuka wain merah atau mana-mana cuka pilihan
- 2 sudu teh mustard perang atau mustard Dijon
- ½ sudu teh garam
- ½ sudu teh serbuk bawang putih
- ½ sudu teh paprika salai
- ½ sudu teh sirap maple
- ¼ sudu teh lada hitam dikisar

ARAHAN:
SALAD
a) Dalam mangkuk adunan besar atau mangkuk salad, masukkan lentil, arugula, lobak merah dan bawang hijau yang bertunas. Gaul hingga sebati.

PERSALINAN
b) Dalam mangkuk kecil, satukan minyak, cuka, mustard, garam, serbuk bawang putih, paprika, sirap maple dan lada. Pukul hingga rata.
c) Meletakkannya Bersama
d) Tuangkan Persalinan ke atas salad, kemudian toskan hingga berbalut. Nikmati!

88. Pucuk Lentil dan Roti Bakar Avokado

BAHAN-BAHAN:
- Kepingan roti bijirin penuh
- Pucuk lentil
- Avokado, tumbuk
- Tomato ceri, dihiris
- Serpihan lada merah (pilihan)
- Lemon wedges
- Garam dan lada sulah secukup rasa

ARAHAN:
a) Bakar hirisan roti bijirin penuh.
b) Sapukan alpukat tumbuk pada setiap kepingan.
c) Teratas dengan pucuk lentil, hirisan tomato ceri, dan kepingan lada merah jika dikehendaki.
d) Perasakan dengan garam dan lada sulah secukup rasa.
e) Hidangkan bersama perahan lemon.

89. Pucuk Lentil dan Telur Dadar Bayam

BAHAN-BAHAN:
- Telur
- Pucuk lentil
- Daun bayam segar
- Keju feta, hancur
- Tomato ceri, dibelah dua
- Minyak zaitun
- Garam dan lada sulah secukup rasa

ARAHAN:
a) Pukul telur dalam mangkuk dan perasakan dengan garam dan lada sulah.
b) Panaskan minyak zaitun dalam kuali dengan api sederhana.
c) Tuangkan telur yang telah dipukul ke dalam kuali.
d) Apabila tepi ditetapkan, taburkan pucuk lentil, daun bayam segar, keju feta yang hancur dan tomato ceri separuh daripada telur dadar.
e) Lipat separuh lagi ke atas topping dan masak sehingga telur matang sepenuhnya.
f) Luncurkan telur dadar ke atas pinggan dan hidangkan.

TUNAI AYAM

90. Salad Chickpea Bercambah

BAHAN-BAHAN:
- 2 cawan taugeh
- 1 timun, potong dadu
- 1 cawan tomato ceri, dibelah dua
- 1/2 biji bawang merah, dihiris halus
- 1/4 cawan keju feta, hancur
- 2 sudu besar minyak zaitun
- 1 sudu besar cuka balsamic
- Garam dan lada sulah secukup rasa

ARAHAN:
a) Dalam mangkuk besar, satukan taugeh, timun potong dadu, tomato ceri, bawang merah dan keju feta.
b) Dalam mangkuk kecil, pukul bersama minyak zaitun, cuka balsamic, garam dan lada sulah.
c) Tuangkan Persalinan ke atas salad dan kacau perlahan-lahan hingga sebati.
d) Hidangkan sejuk.

91.Tumbuhan Chickpea Hummus

BAHAN-BAHAN:
- 2 ulas bawang putih
- 1/3 cawan tahini
- 1/2 sudu kecil garam
- 2 sudu kecil jintan halus
- 1/4 sudu kecil paprika salai (pilihan)
- perahan 1 lemon
- 4 sudu besar jus lemon yang baru diperah
- 4 sudu besar minyak zaitun
- 4 cawan (500 g) kacang ayam bercambah

ARAHAN:
a) Tumbuk bawang putih dalam pemproses makanan sehingga kisar. Masukkan semua bahan lain, kecuali kacang cincang yang tumbuh dan kisar sehingga anda mempunyai pes.
b) Masukkan kacang ayam dan gaul setinggi mungkin.
c) Perasakan secukup rasa dan tambah garam/perasa jika suka.
d) Hidangkan segera dan simpan sisa dalam bekas kedap udara sehingga lima hari.

92.Taugeh dan Tumis Ayam

BAHAN-BAHAN:
- 2 cawan taugeh
- 1 cawan dada ayam masak, dihiris
- 1 lada benggala, julienned
- 1 cawan kuntum brokoli
- 2 sudu besar kicap
- 1 sudu besar sos hoisin
- 1 sudu besar minyak bijan
- 2 ulas bawang putih, dikisar
- 1 sudu teh halia, parut

ARAHAN:
a) Dalam kuali atau kuali, panaskan minyak bijan di atas api yang sederhana tinggi.
b) Masukkan bawang putih kisar dan halia parut, tumis hingga naik bau.
c) Masukkan hirisan ayam, lada benggala, dan brokoli. Masak sehingga ayam dipanaskan dan sayur-sayuran empuk.
d) Masukkan taugeh, kicap, dan sos hoisin. Toskan hingga sebati dan masak sebentar sehingga pucuk layu sahaja.
e) Hidangkan panas.

93.Kacau tumis pucuk

BAHAN-BAHAN:
- 1 cawan kacang hitam
- 2 biji bawang besar bersaiz sederhana dihiris halus
- 5 biji bawang putih dikisar
- 1 biji cili hijau
- 2 sudu besar kelapa parut
- 1 sudu besar pulpa asam jawa
- 1 sudu kecil serbuk cili merah
- ½ sudu teh serbuk kunyit
- 1 sudu besar daun ketumbar dihiris untuk hiasan
- Untuk rasa garam
- 2 sudu besar minyak

ARAHAN:
a) Tumbuh kacang hitam dengan merendamnya dalam 6 cawan air pada waktu malam (hari pertama).
b) Keesokan harinya (hari ke-2) toskan air dan sapukan kacang hitam pada penapis.
c) Basuh kacang hitam yang berada di atas penapis dan tutup dengan pinggan pada malam hari ke-2.
d) Pada hari ke-3, pucuk yang bagus akan mula muncul. Mereka mungkin bercambah walaupun pada hari 2 malam.
e) Tekan masak kacang ayam yang tumbuh dengan menambah air. Paras air hendaklah sekurang-kurangnya 1 inci di atas kacang ayam. Hanya 2 wisel sudah memadai kerana ia akan menjadi lembut. Tukar gas dan ketepikan.
f) Panaskan kadai dan masukkan 2 sudu besar minyak. Bila minyak dah panas, masukkan bawang besar yang dihiris dan goreng. Apabila bawang menjadi merah jambu masukkan bawang putih cincang atau kisar dan kacau selama 2 minit sehingga bau bawang putih mentah hilang. Masukkan cili hijau dan kacau.
g) Masukkan kacang rebus dan kacau.
h) Sekarang masukkan pulpa asam jawa, serbuk cili, serbuk kunyit, kelapa parut dan garam dan gaul rata.
i) Hiaskan dengan daun ketumbar yang dihiris.

TUNAI KUINOA

94. Pucuk Quinoa dan Tumis Sayuran

BAHAN-BAHAN:
- 2 cawan pucuk quinoa
- Sayur campur (lada benggala, brokoli, lobak merah), dihiris nipis
- Tauhu atau ayam, potong dadu
- Sos soya
- minyak bijan
- Bawang putih, cincang
- Halia, parut
- Bawang hijau, dicincang
- Quinoa yang dimasak untuk dihidangkan

ARAHAN:
a) Dalam kuali atau kuali, panaskan minyak bijan di atas api yang sederhana tinggi.
b) Masukkan bawang putih kisar dan halia parut, tumis hingga naik bau.
c) Masukkan tauhu atau ayam, masak hingga keperangan.
d) Masukkan sayur campur dan pucuk quinoa, tumis hingga sayur empuk.
e) Siram dengan kicap dan toskan hingga berbalut.
f) Hiaskan dengan bawang hijau yang dicincang dan hidangkan di atas quinoa yang telah dimasak.

95. Quinoa Bercambah dan Salad Kacang Hitam

BAHAN-BAHAN:
- 2 cawan pucuk quinoa
- 1 tin kacang hitam, toskan dan bilas
- Biji jagung (segar atau beku)
- Lada benggala merah, potong dadu
- Bawang merah, dicincang halus
- Cilantro, dicincang

VINAIGRETTE LIME:
- 3 sudu besar minyak zaitun
- Jus 2 biji limau purut
- 1 sudu kecil jintan manis
- Garam dan lada sulah secukup rasa

ARAHAN:
a) Dalam mangkuk besar, gabungkan pucuk quinoa, kacang hitam, jagung, lada benggala merah potong dadu, bawang merah dan ketumbar.
b) Dalam mangkuk kecil, pukul bersama minyak zaitun, jus limau nipis, jintan putih, garam dan lada sulah.
c) Tuangkan vinaigrette ke atas salad dan toskan perlahan-lahan hingga sebati.
d) Hidangkan sejuk.

96. Bungkus Quinoa Bercambah dan Mango Salsa

BAHAN-BAHAN:
- Tortilla bijirin penuh
- 2 cawan pucuk quinoa
- Mangga, potong dadu
- Bawang merah, dicincang halus
- Jalapeño, dicincang
- Cilantro, dicincang
- Avokado, dihiris
- Jus limau
- Garam dan lada sulah secukup rasa

ARAHAN:
a) Dalam mangkuk, satukan pucuk quinoa, mangga potong dadu, bawang merah, jalapeño dan ketumbar.
b) Perahkan jus limau nipis ke atas adunan dan perasakan dengan garam dan lada sulah.
c) Sapukan pucuk quinoa dan salsa mangga ke atas tortilla bijirin penuh.
d) Teratas dengan hirisan alpukat.
e) Gulungkan tortilla ke dalam bungkus dan potong separuh untuk dihidangkan.

97. Quinoa Bercambah dan Ayam Buddha Mangkuk

BAHAN-BAHAN:
- 2 cawan pucuk quinoa
- Dada ayam masak, dihiris
- Keledek panggang, potong dadu
- Avokado, dihiris
- Timun, julienned
- Pembalut Tahini:
- 2 sudu besar tahini
- 1 sudu besar jus lemon
- 1 sudu besar minyak zaitun
- Garam dan lada sulah secukup rasa

ARAHAN:

a) Pasang mangkuk dengan pucuk quinoa, ayam yang dihiris, ubi keledek panggang, hirisan alpukat dan timun julienned.
b) Dalam mangkuk kecil, pukul tahini, jus lemon, minyak zaitun, garam, dan lada.
c) Siramkan Persalinan ke atas mangkuk.
d) Tos ringan sebelum dinikmati.

TAUGEH FENUGREEK

98.Taugeh Halba dan Salad Moong Dal

BAHAN-BAHAN:
- 2 cawan pucuk fenugreek
- 1 cawan moong dal masak (kacang kuning dibelah)
- Tomato ceri, dibelah dua
- Bawang merah, dicincang halus
- Daun ketumbar segar, dicincang
- Jus lemon
- Chaat masala
- Garam dan lada sulah secukup rasa

ARAHAN:
a) Dalam mangkuk, satukan pucuk fenugreek, moong dal yang telah dimasak, tomato ceri, bawang merah dan ketumbar segar.
b) Perahkan jus lemon ke atas salad.
c) Taburkan chaat masala, garam, dan lada sulah secukup rasa.
d) Tos perlahan-lahan dan hidangkan sebagai salad yang menyegarkan.

99. Taugeh Halba dan Bayam Paratha

BAHAN-BAHAN:
- 2 cawan pucuk fenugreek
- 1 cawan bayam segar, dicincang halus
- Tepung gandum
- air
- Garam secukup rasa
- Minyak sapi atau minyak untuk memasak

ARAHAN:
a) Dalam mangkuk adunan, satukan pucuk fenugreek, bayam cincang, tepung gandum dan secubit garam.
b) Masukkan air secara beransur-ansur dan uli adunan menjadi doh yang lembut.
c) Bahagikan doh kepada bahagian kecil dan canai setiap satu menjadi bebola.
d) Gulungkan setiap bola menjadi paratha yang rata dan bulat.
e) Masak parathas pada griddle panas dengan minyak sapi atau minyak sehingga kedua-dua bahagian berwarna perang keemasan.
f) Hidangkan pucuk fenugreek dan parathas bayam panas.

100. Taugeh Halba dan Chutney Tomato

BAHAN-BAHAN:
- 2 cawan pucuk fenugreek
- 4 biji tomato, dicincang
- 1 bawang, dicincang
- 2 biji cili hijau, dihiris
- Ulas bawang putih, dikisar
- Biji sawi
- Biji jintan manis
- daun kari
- Garam secukup rasa
- Minyak untuk memasak

ARAHAN:
a) Dalam kuali, panaskan minyak dan masukkan biji sawi, jintan manis, dan daun kari. Biarkan mereka terpercik.
b) Masukkan bawang besar cincang, cili hijau, dan bawang putih kisar. Tumis sehingga bawang lut sinar.
c) Masukkan tomato cincang dan masak sehingga ia menjadi lembut.
d) Masukkan taugeh halba kacau dan masak selama beberapa minit.
e) Perasakan dengan garam dan teruskan masak sehingga adunan pekat.
f) Hidangkan pucuk fenugreek dan tomato chutney bersama nasi atau sebagai ulam.

KESIMPULAN

Semasa anda menutup halaman akhir " Buku Masalah Bercambah Muktamad," kami berharap anda telah mengalami kuasa transformatif taugeh dalam himpunan masakan anda. Daripada salad yang menyegarkan kepada hidangan utama yang lazat dan hidangan antarabangsa, resipi ini telah mempamerkan pelbagai kemungkinan yang luar biasa yang dibawa oleh pucuk ke meja.

Memasukkan taugeh ke dalam makanan anda bukan sekadar pilihan masakan; ia adalah komitmen kepada gaya hidup yang lebih sihat dan bertenaga. 100 resipi dalam buku masakan ini adalah lebih daripada koleksi arahan; ia adalah jemputan untuk menerima kebaikan taugeh dan menyemai hidangan harian anda dengan cetusan kesegaran dan kecergasan.

Terima kasih kerana menyertai kami dalam perjalanan yang penuh rasa ini. Semoga dapur anda dipenuhi dengan aroma yang memikat dan kebaikan berkhasiat yang dibawa oleh " Buku Masalah Bercambah Muktamad " ke dalam pinggan anda. Inilah pengembaraan yang lazat, berkhasiat dan penuh dengan pucuk di tengah-tengah dapur anda!

www.ingramcontent.com/pod-product-compliance
Lightning Source LLC
Chambersburg PA
CBHW071324110526
44591CB00010B/1017